起業大国をつくる

ーション創出のための起業家と日本の取り組み

前内閣府特命担当大臣
竹本直一
スタートアップ・エコシステム支援チーム
編著

PHP

はじめに

前内閣府特命担当大臣　竹本直一

２０１９年９月、私が内閣府の特命担当大臣として、科学技術政策、ＩＴ政策、宇宙政策、知的財産戦略、クールジャパン戦略を担当することとなったとき、まず考えたのは、このポストは「日本の未来を豊かにする国家戦略を考えるポスト」であるということです。日本がどの分野を伸ばしていけば、世界に貢献する経済先進国であり続けることができるか。着任の日から考えを巡らせました。

そして得た着想が、「諸外国と比較して遅れているように見えるスタートアップの育成こそ、これからの日本の経済発展に一番重要ではないか」という仮説です。

スタートアップとは、新しいことに取り組み、成長することを目指す企業です。ベンチャーとも呼ばれ、起業家が新しいことにチャレンジする舞台。小さな企業から始まるので機動的にいろいろなことができて、経済に新風を吹き込む力になると考えています。

そこで、内閣府と各省庁が連携して、米国シリコンバレーのようなスタートアップが次々と生まれ成長する土壌をつくっていこうと政策を動かし始めました。スタートアップ・エコシステム拠点形成という政策です。

これは、スタートアップのみならず、その周りのエコシステム（生態系：自然界の生態系のように様々な主体が活動する場。スタートアップの場合は、起業家、投資家、大学、地域企業、大企業、専門家、行政など）が活発になる仕組みをつくろうという取り組みです。特に、様々な人材、企業、資金が集まる都市に注目し、スタートアップ・エコシステム拠点都市を形成することにしました。そして、2020年の7月に、東京圏、名古屋圏、京阪神、福岡をグローバル拠点都市として指定し、札幌、仙台、広島、北九州を推進拠点都市として選定し、政府の支援を推進しています。

日本の中小企業政策は、従来、大企業に対して不利な立場の中小企業を低利融資で助ける、経営困難に陥った企業に対して補助金を出して救う、といったことを中心に施策を実施してきました。いわば、弱いところを補って助けるといった政策です。

しかし、スタートアップ育成においては、そのように凹んだところの埋め合わせではなく、伸びる可能性のあるところに対して政府が積極的に支援をして、世界で戦うことのできる企業を育てることが大事であり、政策の基本理念を転換しています。シリコンバレーは世界トップを目指す企業が自然に出てくる環境になっていますが、日本で何もせずに待っていたのでは、そうはならない。もし動いても、相当時間がかかるとの思いから、強力な政策的な支援が必要と考えました。

スタートアップ・エコシステム拠点都市の選定と前後して、国内の各都市を内閣府の科学技術・イノベーション担当のチームとともに訪問して回りました。全部で11都市、１００人を超えるスタートアップ経営者、数百人のスタートアップ支援者との会合・対話を進めました。

その中で見えてきたのは、日本のスタートアップを巡る環境は、世界から遅れているように見えるものの、実は各地域で新しい動きがどんどん起こっているし、大きな潜在力があるということです。

例えば、東京圏の渋谷では、ビットバレーと呼ばれた集積が１９９０年代から始まっており、その蓄積が新しい形で花開こうとしています。日本橋はもともと製薬業者が多いエリアであり、今は連携を求めて大手製薬企業の本社周辺に医療系のスタートアップが集まっています。丸の内、虎の門もかつては大企業中心のエリアでしたが、新しいイノベーションの風を吹き込ませることを目的に、スタートアップを支援する施設が次々と設置され、これまでとは違う盛り上がりを見せています。つくば、和光などの研究機関が集積するエリア、川崎、横浜の産業集積エリアでもスタートアップを軸とした新しい取り組みが進んでいます。

名古屋圏の名古屋市を中心とする地域は、極めて大きい可能性を秘めた場所です。名古屋大学というノーベル賞受賞学者を多数輩出している総合大学があり、それとタイアップして堅実な中小企業がものづくりの世界で頑張っている。また、世界に冠たるトヨタ自動車とその関連企業群が新しい分野への進出に取り組んでいます。少し離れた浜松もスタートアップの活動が活発化しています。もともと本田宗一郎さんがホンダを創業したり、スズキ、ヤマハなど多くの企業がここから生まれています。この「やらまいか精神」の企業群と名古屋との連携も楽しみです。

京阪神は、それぞれの都市で、スタートアップの支援が活発化していますが、今回の拠点都市をきっかけとして、京都、大阪、神戸の3都市の産業界、大学、自治体ががっちりと手を組んで支援策を推進することになっています。大阪・関西万博に向けての新しい動きとともに期待が膨らみます。

福岡は市長の強力なイニシアチブのもとでスタートアップ都市として大きく発展しています。そのコミュニティは独特の熱量を持っています。積極的でアイデアいっぱいの若手起業家が街の中心に集まり議論を戦わせている姿は、街のエネルギーそのものを感じさせます。

札幌、仙台、広島、北九州でも地域の特色を活かしつつ、スタートアップや大学の活動、行政の支援が加速中です。

このような、各地域における新しい動きや活力を、政府としてしっかりと応援することが大事であると考えています。

起業家が起業しようとするときに、最初に直面するのは資金の問題です。新しい事業に取り組むので銀行の融資は受けづらく、事業が成功する可能性を信じて、ベンチャーキャピタルの投資がなされればそれにこしたことはありませんが、最初はなかなかそうはいかない状況です。しかし、起業家を応援するコミュニティやネットワークがあれば、事態は変わってきます。東京大学では産学連携本部、東京大学TLO、東京大学エッジキャピタルをはじめとする大学のファンドのネットワークが起業家を応援する仕組みができていて、多くの成長企業を生み出しています。人と人との知恵の集約をさらに極大化することができるわけです。このような生産的な仕組みがスタートアップ拠点として指定した地域に、それぞれ特徴ある形で形成されることが理想的であると考えています。

今や、スタートアップの活動分野は宇宙開発にも広がっています。ものすごいスピードで宇宙を飛び交う宇宙ゴミ（壊れた人工衛星の破片など）を、活動中の人工衛星に衝突する大事故となる前に捕まえて、大気圏で燃やしてしまう、そんな夢のようなプロジェクトに取り組むアストロスケールに、世界の投資家の資金が集まっています。

経営人材や技術、ビジネスプランなどの条件が整えば、世界から投資が集まり、想いが実現に近づく時代なのです。

日本が世界第2位の経済大国であった時代はすでに過去です。GDPで第2位の座を譲った中国との差も開きつつあります。日本が今後、豊かな国であり続けるためには、世界に誇る技術力と各分野の人材の活躍が必須で、スタートアップの活動はその鍵を握ります。

志のある人がスタートアップに取り組む、またスタートアップを応援する上で、役に立つよう、現在の日本のスタートアップ・エコシステムがどのような状況にあり、どこに向かっているのか、この本の中で解き明かしていきたいと思っております。できるだけ多くの皆様に参考にしていただけたら幸いです。

スタートアップが成功するには、Stay Hungry, Stay young, Stay Foolish! の気構えが必要です。そんなスタートアップがたくさん出てきて、みんなで応援する社会になれば、と思います。

末筆になりますが、本書の制作にあたり、多数の方々からご寄稿をいただいております。貴重な情報や取り組みのご紹介に心より感謝を申し上げます。

起業大国をつくる

目次

第5章 多様なスタートアップの活躍

第1章

社会を豊かにするイノベーションはスタートアップから生まれる

❶ イノベーションとスタートアップ

超高齢化社会、社会における格差拡大、ウィズコロナなど、様々な課題に私たちは直面しています。この課題を解決し、豊かで誰もが幸せに暮らす社会を実現するためには、イノベーションを創出し、新しいものを社会に取り入れていくことが重要です。

「イノベーション」とは「革新」を意味する言葉で、この言葉を提唱したシュンペーター（20世紀を代表する経済学者）は、『経済発展の理論』という著書の中で、新しい結合、すなわち、①新しい商品、②新しい生産方法、③新しい市場、④新しい資源、⑤新しい組織が経済の発展をもたらすと説いています。これにより産業に活力がもたらされ、暮らしが豊かになるということです。

実際、蒸気機関や機械の導入に端を発する産業革命、コンピュータの利用拡大によるデジタル革命は、社会の仕組みを変え、暮らしを変えています。原始の狩猟社会から、農耕社会、工業社会、情報社会へとイノベーションにより社会は発展し、今、次の社会のあり方を私たちは模索しているのです。

社会全体の視点だけでなく、企業や個人の視点でも、イノベーションを起こしていくことが大事です。

「ゆでガエル現象」という言葉があります。カエルを熱いお湯に入れると驚いて飛び出しますが、水に入れて火をかけ、ゆっくり温度を上げていくと、ぬるま湯の状況に慣れてしまい最後はゆで上がってしまうという話。社会や経済は常に変化するので、変化に対応すること、変化を起こしていくことこそが企業の活力を維持するために重要ですし、それは個人の仕事の仕方にも繋がるのです。

では、イノベーションはどこから生まれてくるのでしょうか。大学の研究室、大企業の研究所、発明家の頭の中、生活の中での何気ない思いつきなど様々な源泉があります。イノベーションは「創造的破壊」とも呼ばれますが、幅広い場面で既存の概念や方法を打ち破って新しいことに挑戦することから生まれてくるのです。

そして、この新しいことに挑戦する組織として、今、「スタートアップ」が注目されています。スタートアップは、新しいことに取り組み成長することを目指す企業で、ベンチャーとも呼ばれています。

起業を志す人たちが、人材や技術や資金を集めてスタートアップを創業し、市場に商品やサービスという価値を提供しながら成長する。その成長過程でイノベーションが生まれ、社会に定着していく道筋のひとつとなっています。

実は、私たちの生活を豊かにする身近なイノベーションの多くは、スタートアップから生まれています。私たちが毎日使うパソコンやスマートホンを提供するアップル、検索エンジンのグーグル、ソーシャルネットワーキングサービスのフェイスブックは、若い起業家がスタートアップを興し、投資家の資金と新しい市場を獲得して、短い期間で世界的な大企業に発展しています。

日本を代表する企業のひとつであるソニーも、創業時はスタートアップでした。その設立趣意書には「経営規模としては、むしろ小なるを望み、大経営企業の大経営なるがために進み得ざる分野に、技術の進路と経営活動を期する」と書かれており、その想いを実現する形でユニークな製品を人々の暮らしに届けています。今では私たちの生活の基盤になっているスーパーマーケットや宅配便も、小さな企業が新しいビジネスとして挑戦し、大きな市場を獲得することで世の中に定着しています。

また、医療福祉や環境など、今後の重要分野でも、未開拓の市場を機動的に攻めるスタートアップの活躍が期待されています。ですから、スタートアップを応援することは、日本を豊かにすることに繋がるのです。

さて、読者の皆さんの中には、「スタートアップは自然に育つもの。政府が口を出すべきではないのではないか」との疑問の声もあるかと思います。しかし、政府がスタートアップを支援するべき理由はあるのです。

「エコシステム」（生態系）という言葉が、スタートアップ関連でもよく使われるようになりました。スタートアップを次々と創出、成長させるためには、自然界、例えば森の生態系のように大木や若木や草花や動物たちが共存共栄する、多様な主体がいきいきと活躍する環境づくりが必要です。そしてその中で、企業の創業、成長、大企業化、衰退、再生などの循環が自律・発展的に回るような環境を整備することが求められています。これは民間の力のみでできることではなく、政府の役割が必要と言えます。

日本の政策の重要方針のひとつである「科学技術・イノベーション基本計画」（2021年3月閣議決定）には、次のようにスタートアップを巡る政策の方向性を示しています。

《近年、GAFAに代表される巨大IT企業をはじめとして、世界中で、スタートアップが極めて短期間で大企業をしのぐほどに急成長し、産業構造のみならず、都市構造やライフスタイルまでをも変革する大きな潮流となっている。こうした巨大企業に続き、米国、中国を中心に世界中で「ユニコーン」企業が多数登場し、各国の市場を席捲しつつある。また、先進諸国は、革新的なスタートアップを創出すべく、スタートアップ・エコシステムの形成に戦略的に取り組んでいる。

さらに、既存の大企業においても、「自前主義」から脱却し、多様な分野で機動性を生かした挑戦を行うスタートアップや革新的な技術シーズを有する大学などと連携したオープン型、ディスラプティブ型のイノベーションが求められている。

（中略）

社会のニーズを原動力として課題の解決に挑むスタートアップを次々と生み出し、企業、大学、公的研究機関等が多様性を確保しつつ相互に連携して価値を共創する新たな産業基盤が構築された社会を目指す。

このため、都市や地域、社会のニーズを踏まえた大学・国立研究開発法人等の研究開発成果が、スタートアップや事業会社等とのオープンイノベーションを通して事業化され、新たな付加価値を継続的に創出するサイクル（好循環）を形成する。このサイクルが、社会ニーズを駆動力として活発に機能することにより、世界で通用する製品・サービスを創出する。さらに、事業の成功を通じて得られた資金や、経験を通じて得られた知見が、人材の育成や事業会社・大学・国立研究開発法人等の共同研究を加速させる。こうして、大学や国立研究開発法人、事業会社、地方公共団体等が密接につながり、イノベーションを創出するスタートアップが次々と生まれ、大きく育つエコシステムが形成される》

コラム　スタートアップとベンチャー

「スタートアップ」という言葉と「ベンチャー」という言葉、どこが違うのか？　という質問を時々いただきます。実は、この2つの言葉、意味するところはほぼ同じなのです。「ベンチャー」はいわゆる和製英語で、「スタートアップ」は英語で通常用いられる表現。ベンチャーという言葉の始まりは1970年に開催されたボストンカレッジのセミナーに参加した通商産業省（現経済産業省）の佃近雄氏が、当時目にした米国の新興成長企業群の繁栄を日本で紹介する際に使い、1980年代以降それが日本で定着したと言われています。

スタートアップやベンチャーは、「成長することを目指して新しいことに挑戦する企業」として語られることが一般で、ベンチャー学会の権威である松田修一早稲田大学名誉教授は、以下のように定義しています。

「ベンチャーとは成長意欲の強い起業家に率いられたリスクを恐れない若い企業、事業の独立性、社会性、国際性を持った何らかの新規性のある企業」

- 成長性：事業活動の成果（売り上げ、雇用、事業規模など）を拡大させること
- 新規性：新商品の開発や生産、新サービスの開発や提供、商品・サービスの新たな販売・提供方式（新プロセス）の導入、新たな経営管理方法の導入ほか、新たな事業活

動をすること

- 起業家：企業経営に対する意欲と知見を有し、リスクをとって新しく事業を起こす人

国の法律において定義づけがされている「中小企業」（中小企業基本法）と異なり、スタートアップやベンチャーは法律などで一律に定義されていません。しかし、概ね成長性と新規性を合わせ持つ企業をスタートアップ、ベンチャーとして政府の支援策などの対象としています（税制等においては、これに設立から10年未満の企業という定義を入れることもあります）。

政府の文書などでも、スタートアップとベンチャーを併用しています。ただし、最近ではグローバルな展開を意識し、和製英語のベンチャーよりもスタートアップをよく使う傾向があります。本書で取り上げているスタートアップ・エコシステムについても、「世界と伍する」ことを意識しているので、スタートアップという表現を使っています。

なお、定義づけの基準である成長性や新規性は、あくまでも、相対的、主観的な概念であり、新しいことに挑戦する企業を幅広くとらえて、スタートアップ、ベンチャーと呼んでも差し支えないと思います。音楽家が音楽の道を選ぶときにクラッシック、ポップス、ハードロックと様々な道があるように、スタートアップ、ベンチャーにも、起業家の目標に合わせ、様々なスタイルがあり、それをリスペクトすべきだと考えています。

❷ 世界で台頭するスタートアップ

今、世界ではものすごい勢いでスタートアップが生まれ、成長しています。

［表1］をご覧ください。これは、米国と日本の株式時価総額のランキングの比較です。米国では、アップル、マイクロソフト、アマゾン、グーグル、テスラなど新しい企業が上位を占めています。これらの企業はもともとスタートアップとして創業し、投資家の資金や大きな市場を獲得して成長し、現在、米国経済を動かしているのです。そしてこれらの企業は世界ランキングでもトップ10に入り、世界経済に大きな影響を与えています。「新陳代謝」という言葉がありますが、経済も新しい企業が成長することで活力を得るのです。

これに対し、日本はトヨタ、ソフトバンク、ソニー、キーエンス、NTTなどが上位に陣取ります。ソフトバンクやファーストリテイリングは比較的新しい企業ですが、あとは社歴のある企業が上位を占めている状況です。米国のような新しい企業群が見当たりません。そして、深刻なのは、日米企業の時価総額の差の大きさです。株式時価総額は企業の社会に対する価値の創造の度合いを示す指標のひとつですので、日本企業の価値創造は米国と比してかなり小さいと言えます。

表１　株式時価総額上位10位の比較

米国の株式時価総額の上位10社ランキング（2021年4月30日時点）

	名称	市場	取引値	時価総額（単位:千ドル）
1	アップル	NASDAQ	133.48	2,240,875,054
2	マイクロソフト	NASDAQ	252.51	1,901,797,890
3	アマゾン・ドット・コム	NASDAQ	3471.31	1,749,945,102
4	アルファベット（GOOG）	NASDAQ	2429.89	795,926,196
5	フェイスブック	NASDAQ	329.51	791,088,903
6	アルファベット（GOOGL）	NASDAQ	2392.76	719,614,746
7	テスラ	NASDAQ	677.00	649,820,822
8	アリババ・グループ・ホールディング	NYSE	234.18	635,213,250
9	台湾セミコンダクター・マニュファクチャリング	NYSE	119.10	617,661,662
10	JPモルガン・チェース・アンド・カンパニー	NYSE	155.19	469,775,649

日本の株式時価総額の上位10社ランキング（2021年4月28日時点）

	名称	市場	取引値	時価総額（単位:百万円）
1	トヨタ自動車	東証1部	8,299	27,079,616
2	ソフトバンクグループ	東証1部	9,891	20,670,354
3	ソニーグループ	東証1部	11,810	14,893,104
4	キーエンス	東証1部	50,500	12,281,988
5	日本電信電話	東証1部	2,829.5	11,037,282
6	ファーストリテイリング	東証1部	89,730	9,517,989
7	リクルートホールディングス	東証1部	5,013	8,501,848
8	任天堂	東証1部	62,250	8,196,395
9	三菱UFJフィナンシャル・グループ	東証1部	583.7	7,927,811
10	日本電産	東証1部	13,215	7,879,899

出所：yahoo fainance

世界の時価総額ランキングを見ても、かつてはランキング上位を独占した日本企業群が、米国や中国のスタートアップから成長した新興企業群に上位の座を明け渡しており、日本トップのトヨタ自動車ですら世界ランキング第41位となっています。スタートアップから成長企業を創出することが、経済の発展の面でいかに重要か、如実にわかるデータです。

今、米国のようなスタートアップの台頭は、アジア諸国、欧州等でも起こっていて、世界中の投資資金がスタートアップに向かい、各国の政府が経済政策の柱のひとつとして、積極的にスタートアップを応援するようになっています。世界でスタートアップの創出競争が激化する様相を呈しているのです。

「ユニコーン」と呼ばれる未上場で10億ドル以上の企業価値評価額のスタートアップの世界ランキングでは、上位20位には米国以外に、中国、スウェーデン、ブラジル、インド、オーストラリア、英国、シンガポールなど様々な国のスタートアップが名を連ねています。

このランキングで、オンライン決済のStripeや宇宙開発のSpaceXという米国企業を抑えてトップの座にあるのは、中国のバイトダンス。ビデオ配信アプリのTicTocやニュース配信のアプリなどを手掛ける成長企業です。中国版のウーバーであるDiDi（滴滴出行）も第4位にあり、ユニコーン創出における中国の存在感を示しています。

日本も、プリファードネットワークス、スマートニュース、ペイディなどのユニコーンが存在し、ランキングには入っていますが、残念ながら評価額が低く、順位は下になっているのが現状です。

このような世界のユニコーン創出の背景にあるのは、スタートアップの成長資金を供給するベンチャーキャピタルの存在。新しい分野に挑戦するスタートアップは、事業上のリスクが大きく、成功する確率は低いのが一般です。通常は銀行などの融資を受けることはできません。

そこで、スタートアップへの資金供給をするベンチャーキャピタルの出番になります。ベンチャーキャピタルは、機関投資家や事業会社等の資金を集めてファンドをつくり、たくさんのスタートアップに投資し、成功した投資先企業から大きなリターンを得ることで、他の投資先企業の失敗をカバーして、キャピタルゲインの成果を出資者に分配するハイリスク・ハイリターン型の資金運用をしています。リスク資金とも呼ばれるベンチャーキャピタルの資金量が、スタートアップのチャレンジの度合いのバロメーターとなり、スタートアップ創出環境を示す指標ともなります。

ベンチャーキャピタルの資金量の国際比較として、各国のベンチャーキャピタル投資額をGDPで割り戻した数値を見ると、中国の0・791％、米国0・4％という比率が圧倒的に高く、前出のユニコーンの創出の傾向と一致します。

日本は0・03％と諸外国と比較しても低い状況。日本のスタートアップのベンチャーキャピタルなどからの資金調達額は、2019年には5254億円と過去最高の水準にはなっているのですが、諸外国の資金供給の量や増加スピードがそれを大きく上回っているのが現状と言えます。

コラム　ユニコーンとは何か？

スタートアップの成功例を語る際に、「ユニコーン」という言葉がよく使われるようになりました。この言葉は、伝説の一角獣、不思議な力を持つ生き物に由来しています。スタートアップ関連で使われるのは、企業価値の評価額が10億ドル以上の未上場企業で、めったに姿を見せないということから、伝説の生き物の名前が使われるようになっています。

ところが、現在ではこのユニコーン、世界で600社以上となっています。CB Insightsという調査会社のデータでは、2021年の4月時点で、世界で654社。うち米国337社、中国138社、インド31社、英国29社、ドイツ16社、イスラエル14社の順、日本は5社が登録されています。ユニコーンがこれだけ増大している理由としては、スタートアップ自体の活動が活発化していることもありますが、世界的に投資資金が余剰となり、大きな金額の資金がスタートアップに流入して評価額を押し上げていることなども挙げられています。

なお、日本のユニコーンが少ないことについては、ベンチャーキャピタルの投資量が諸外国と比して少ないことが大きな要因ですが、もうひとつ、特殊事情もあります。それは、新興市場の東証マザーズが世界で一番上場しやすい市場であり（上場基準の時価総額は10億円）、海外のスタートアップが未上場でベンチャーキャピタルの投資を受けるタイミングでどんどんマザーズに上場してしまう傾向にあるということです。このため、ユニコーンの定義を外れてしまう成長スタートアップが多く存在します。

そこで、政府の成長戦略においては、日本の特殊事情を考慮し、ユニコーン型の成長スタートアップを「企業価値又は時価総額が10億ドル以上となる、未上場ベンチャー企業（ユニコーン）又は上場ベンチャー企業」と定義して、この企業を２０２５年度までに50社創出することを目標としています。

このカウントの方法で、２０２１年３月末時点の成長スタートアップを見ると28社（未上場ベンチャー８社＋上場ベンチャー20社）となり、英国並みの成長企業創出となっていると言えます。

❸ 成長するスタートアップは都市から生まれる

ユニコーンや成長するスタートアップが生まれやすい環境について、近年注目されているのが「都市」です。世界銀行の調査では、世界のユニコーンの半数以上を輩出する米国において全体の8割のユニコーンが都市部（サンフランシスコ、ニューヨーク、ボストンなど）から生まれているとされており、中国、英国などの他の国でも同様になっています。

スタートアップの成長は、圧倒的な技術力や素早く市場を獲得するビジネス構築力に大きく依存する傾向にあります。ベンチャーキャピタルの投資資金は重要ではありますが、もうひとつ、専門的な知見や経験を有する人材が、成功の決定要因となります。

優秀な研究者やエンジニア、先見の明のある経営チームなど、競争力の源泉となる人材を獲得することで、スタートアップは成長し、グローバルな競争に打ち勝つことができるのです。

そして、そのような人材の多くは、魅力的な住環境や、賑わいのあるコミュニティを好む傾向にあります。すなわち、魅力的な都市が人材を引き寄せて、そこでスタートアップが生まれ、成長する傾向が強まっているのです。近年、ユニコーンや成長スタートアップと都市の関係がより密接になっています。

米国のシリコンバレーやサンフランシスコ周辺はこのような都市として有名ですが、他にも魅力的な環境を備え、イノベーション人材のコミュニティのできている拠点ができて、そこではさらに集積が進むという動きが起こっています。

その代表的な都市がニューヨークです。ニューヨークはかつて、スタートアップとは無関係の金融の大手企業が経済を牽引する街でした。しかし、２００８年に発生したリーマンショックで様相は一変します。金融危機から立ち直るために、マイケル・ブルームバーグ市長（当時）とニューヨーク市経済開発公社（ＮＹＣＥＤＣ）が一体となって、これまでの産業構造からの多様化を目指し、スタートアップ支援を強力に推進しました。

雇用創出プラン「New York Works」で、サイバーセキュリティ、ライフサイエンス・ヘルスケア、製造業、文化関連を重点分野として、様々な新しい企業への支援策を実施しました。また、技術分野の人材を供給するため、コーネル大学とイスラエル工科大学が連携をアレンジし、ルーズベルト島に巨大な「コーネル・テック大学院」を設立しています。このコーネル・テックから、ニューヨークのスタートアップの発展を支える多数のエンジニア人材や成長するスタートアップが輩出されています。

このように行政が旗振り役となり、スタートアップを支援するための活動が加速すると、それらをサポートするための施設や民間の活動も増加しました。スタートアップの立ち上げを支援するインキュベーターの施設が増え、スタートアップの経営を加速するアクセラレーターが重層的にプログラムを実施するようになりました。また、人材が緩やかな関係で集まるコワーキングスペースも急速に拡大。現在、ニューヨークは世界第2位のスタートアップ都市として名を馳せています。

ボストンにおいても、マサチューセッツ工科大学（ＭＩＴ）の隣にあるケンドールスクエアを中心に新しい動きが加速しています。Cambridge Innovation Center（ＣＩＣ）が、世界で最も有望なイノベーターたちのために場所と経営資源と支援を提供する拠点を目指し、スタートアップ、大企業、政府機関、ベンチャーキャピタル、スタートアップ支援組織、研究機関などを集積させています。周辺の徒歩で歩ける圏内に４０００を超えるスタートアップ、有力ベンチャーキャピタル、グーグル、アマゾン、フェイスブックなどのオフィスが集中して賑わいを見せています。

また、州政府は２００９年から世界最大級の起業家支援プログラムであるMassChallengeを実施しており、産業を加速させる大きなポテンシャルを持った世界中のスタートアップを集めています。審査を通過した者が４～５カ月間程度のプログラムに参加、株式取得を伴わない資金提供やアドバイザーによる助言、オフィスの使用等の支援を実施しています。これまで、２０００社を超えるスタートアップを支援し、成長企業も多数輩出しています。

このような動きは米国のみではありません。パリでは、2017年に3万4000平方メートルの巨大なスタートアップ支援施設であるStation Fがオープン。世界のデジタル業界をリードしようという1000社の企業が、フランスのショーウインドウとも言えるこの施設に集結します。マクロン大統領は、フランスのスタートアップに対する支援を、"La French Tech"としてブランディング。スタートアップや推進関係者全員が利用可能なブランドとして、国内外に一貫してアピールしています。起業の実現可能性調査の助成や認定スタートアップへの公的機関の集中サポートを実施するとともに、海外ミッションの招致や海外の起業家、エンジニア、投資家のビザ取得を容易にする措置を講じています。こうした動きとも相まって、パリのスタートアップのエコシステムは盛り上がりを見せています。

ロンドン、ベルリンなどの欧州の他都市、北京、上海、シンガポールなどのアジアの各都市をはじめ、今、世界中の都市で、スタートアップやイノベーション人材に魅力的な環境となるような様々な取り組みを加速させています。いわば、スタートアップシティの都市間競争が激化しているのです。

このような世界の動きを背景に、日本でも政府がスタートアップ・エコシステム拠点都市を選定し、各地域の民間、大学、自治体のスタートアップ・エコシステム形成の取り組みを加速させるべく支援を強化しています。日本の拠点都市の取り組みは第3章で詳しく説明します。

第2章

世界のスタートアップ・エコシステムの動向（各地からの寄稿）

世界のスタートアップ・エコシステムの動向について、現地の風を感じていただくために、各地の最先端で活躍される方々から寄稿をいただきました。それぞれの国で盛り上がるスタートアップの動きを感じていただけますと幸いです。

シリコンバレーの勢いが止まらない！

ペガサス・テック・ベンチャーズ 代表パートナー兼CEO　アニス・ウッザマン

数十年にわたりグローバルなイノベーションハブの地位を維持してきたシリコンバレーは、アップル（Apple）、グーグル（Google）、フェイスブック（Facebook）、アマゾン（Amazon）など世界最大のハイテク大企業を次々と生んだ産地であり、有望なスタートアップ企業、才能溢れる起業家、リスク資本、スタートアップの育成・支援の広大なエコシステムを有します。そのエコシステムの完全性から、今でも起業を目指す若者の流入が後を絶ちません。コロナ危機の中でもシリコンバレーの勢いが止まっておらず、むしろ新しく生まれたニーズを巡り、その活動がより活性化しています。シリコンバレーのスタートアップの現状及び動向を、投資額の推移、ユニコーン企業の数、ＩＰＯ市場、技術進展の４つの観点から解説します。

❶ベンチャー企業へ殺到する投資マネー

コロナ禍にもかかわらず、米国におけるベンチャー投資はいまだかつてないほどの盛り上がりを見せています。ＰｗＣとCB Insightのデータによると、２０２０年の米国におけるベンチャー投資額は約１３００億ドルと過去最高値を更新しました。これは、前年比で14％の増加にあたります。シリコンバレーのあるカリフォルニア州は昨年も例年と同様に、ベンチャー投資のトップスポットとしての称号を維持しています。カリフォルニア州に加え、テクノロジーハブであるニューヨーク州とマサチューセッツ州に拠点を置く企業は、米国における全資金の74％を集めています。さらに米国の投資家は昨年、スタートアップに投資するために１・１兆ドルを調達しているという数字もあります。２０２０年に１億ドル以上を調達したメガラウンドは３１８件で、総調達額は６３０億ドルと過去最高を記録しました。その中でも宇宙開発に挑むスペースＸ（SpaceX）の19億ドルの資金調達や、インスタカート（Instacart）やストライプ（Stripe）などの企業の数億ドルの資金調達が、この記録に大きく寄与しました。

以下、Statista社による米国におけるベンチャー投資額の推移ですが、ここ数年はＩＴバブル以降の高い数値を記録していることがわかります。

図1　1995年から2020年までの米国におけるベンチャーキャピタル投資額（10億ドル）

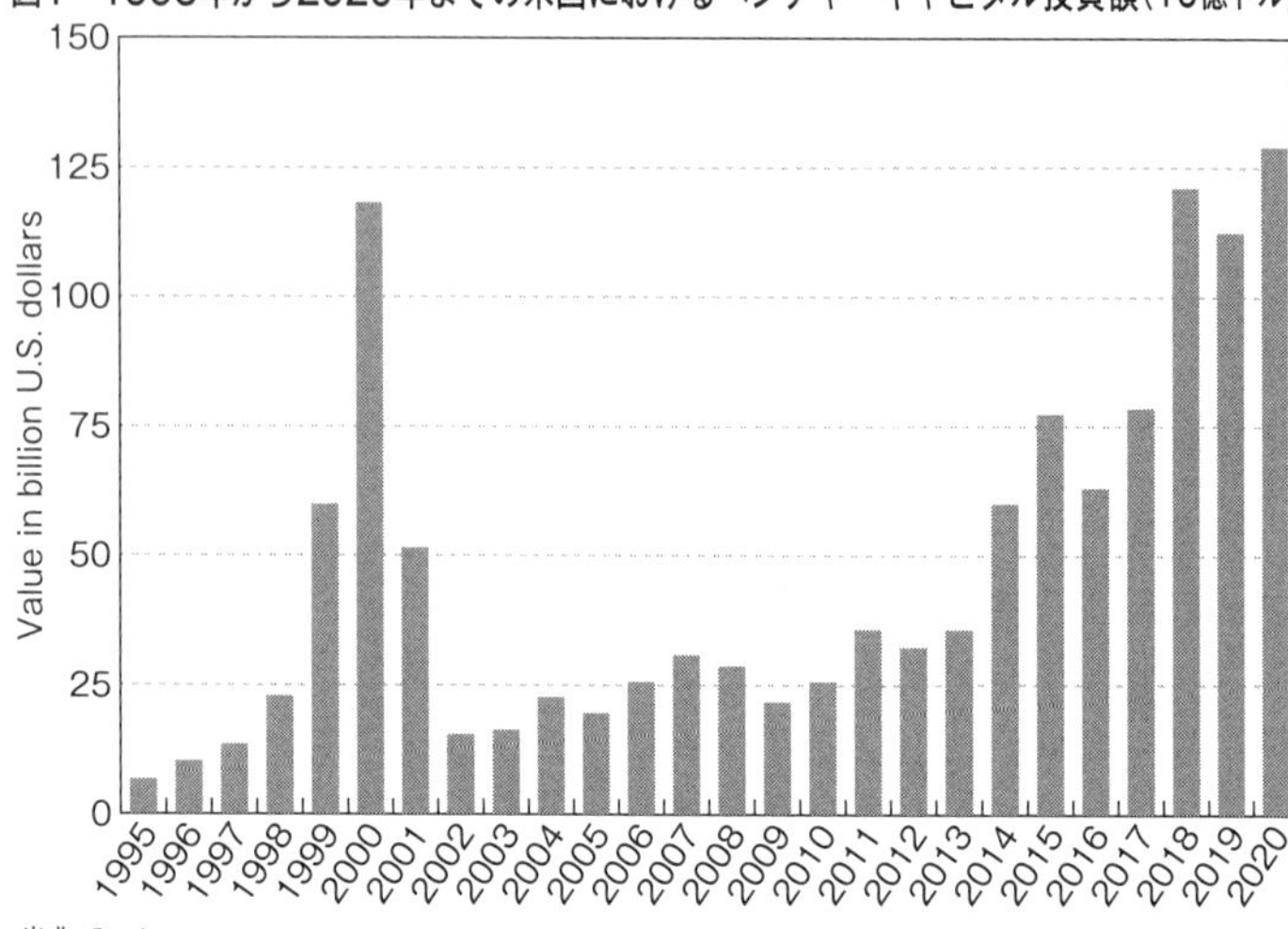

出典：Statista

２０２１年に入った現在もそのトレンドが続き、第１四半期のベンチャー投資額が６２０億ドルを記録し、前年同期比で１１７％も増加しました。メガラウンドの件数も１８４件と前期の１０２件より大幅に増えました。この勢いは今後も続くことが予想されます。

❷ユニコーン企業数の急増

毎日、何百、何千ものアイデアが生まれて、そのほとんどが泡のようにパチンと弾けて消える中で、奇跡のような確率をくぐり抜けたスタートアップが成功に向けて歩き出し、またそのほんの一部のみがユニコーン企業（時価総額10億ドル以上の未公開企業）にまで成長します。

CB Insightによると、現在の世界のユニコーン企業総数は６００社を超えています。これらの企業は合計で2兆ドル以上の企業価値があり、総調達額は約４２６０億ドルにのぼります。その中でも、シリコンバレー及び米国のその他地域の企業が約半数を占め、圧倒的なシェアを誇ります。2位の中国は23％のシェア、英国が５％のシェアで3番目のスポットを占め、インドが４％と続いています。日本からはディープラーニングの研究と開発を行うプリファードネットワークス（Preferred Networks）、ニュースアプリのスマートニュース（SmartNews）など数社がすでにユニコーン企業の仲間入りを果たしていますが、数がまだ少なく、日本企業のこれからの参入が大いに期待されます。

ここで、もうひとつ興味深い統計をご紹介します。CrunchBase社のデータによると、今年に入り新しくユニコーンのステータスを得た企業数は第1四半期だけで１６６社に達し、そのうち１００社強がシリコンバレーを主とする米国の企業でした。この数値は２０２０年の通年の合計数１６３社を上回る結果です。

❸ IPOの勢いが止まらない

近年、大きく注目浴びているのはシリコンバレー出身のスタートアップ企業による大型ＩＰＯのニュースです。２０２０年以前は、フェイスブック（Facebook）、ツイッター（Twitter）、

図2　世界の新しいユニコーン企業数

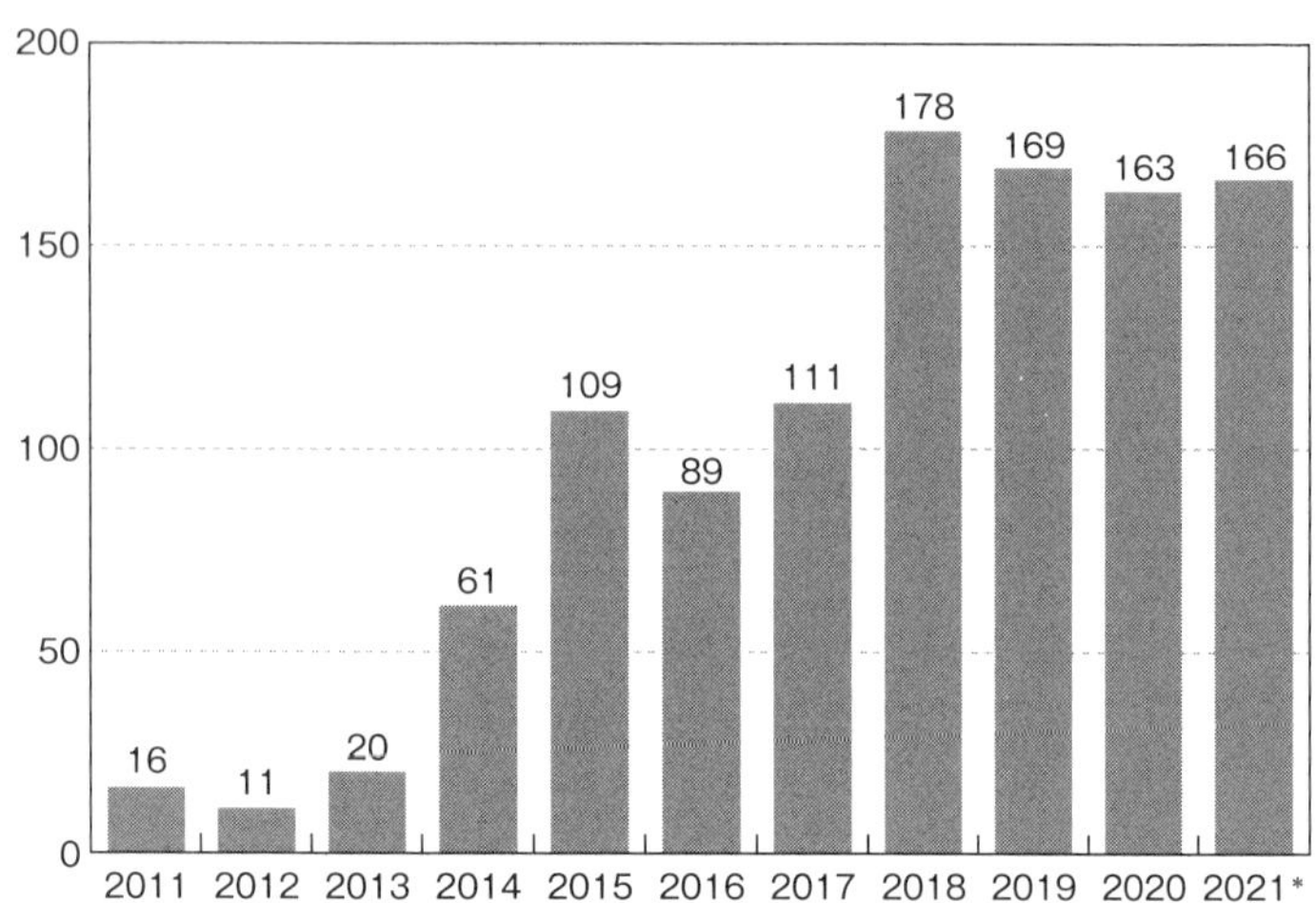

出典：CrunchBase　*Data as of May 2021

ウーバー（Uber）、リフト（Lyft）などシリコンバレー出身のスタートアップの大型ＩＰＯが話題になり、ＩＰＯ件数と調達額が穏やかな右肩上がりで推移していました。しかし、２０２０年に入り、ＩＰＯの件数・総調達額が一気に跳ね上がり、世界中で大きな反響を呼びました。２０２０年の米国のＩＰＯ市場に起きた熱狂的とも言える現象の裏舞台を解説します。

２０２０年は、民泊仲介オンラインサイトのエアビーアンドビー（Airbnb）が米ナスダック市場に上場し、時価総額は約１０００億ドルを超えたことや、料理宅配サービスのドアダッシュ（DoorDash）がニューヨーク証券取引所に上場し、時価総額が約６００億ドルに到達したことがメディアに大きく取り上げられました。他にも、クラウドベースのデータウウェアハウスを運営するスノーフレイク（Snowflake）が、約７００億ドルの時価総額でニューヨーク証券取引所に上場し、米ソフトウェア業界で過去最大の規模となる約34億ドルを調達しました。

FactSet社によると、２０２０年の米国における新規上場企業数は４９４社で、合計で１７４０億ドルを調達しました。２０１９年の新規上場企業数が２４２社で、合計調達額が約６９０億ドルだったのに対し、２０２０年はＩＰＯ全体の規模が約２倍に膨れ上がった結果です。

❹米国のベンチャー企業による革新的な技術の誕生

現在、シリコンバレーで注目領域の宇宙開発、デジタルヘルスケア、人工知能、人工食品、ブロックチェーン、クリーンエネルギーにおいて大きな技術革新が起きています。

●宇宙開発

冷戦以来、宇宙開発領域における技術の進歩が鈍化していましたが、２０２０年に人類は民間企業主導の宇宙船打ち上げに成功するなど、近年同分野が再び高く注目され、技術面でも目覚ましい発展が見られるようになりました。具体的には、カリフォルニア州発のSpaceXは歴史上初の民間企業による有人宇宙飛行に成功したことが挙げられます。２０２０年5月31日に

NASAの宇宙飛行士2名を乗せたSpaceX社の新型有人宇宙船「Crew Dragon」（クルードラゴン）が国際宇宙ステーションに向けて打ち上げられ、世界中にその様子が報道されました。また、その年の11月に野口聡一宇宙飛行士が搭乗するSpaceXの宇宙船打ち上げが成功し、日本でも同社の活躍が大きく注目されました。今年に入り、日本人宇宙飛行士で2人目となる星出彰彦宇宙飛行士を乗せたSpaceXの「Crew Dragon」が打ち上げられ、日本で一層話題になりました。

SpaceXは、全世界の60％以上の衛星打ち上げを受託しており、NASA、U.S. Air Force（アメリカ空軍）などからも受託するほどの規模感を持っています。また、世界初の再利用可能なロケットブースターを開発し、従来の打ち上げコストの50％以上のカットに成功しました。

また、SpaceXは100％再利用可能で、ブースターが自動で地上に降り立つことができるStarshipロケットの開発も進めています。この次世代のロケット事業を通して、大陸間の旅行を宇宙経由で行うことで移動時間の短縮を目指しています。実現すれば、サンフランシスコから東京へ30分間での移動が可能となります。将来的に、宇宙旅行を可能にし、人類を火星へ移住させるサービスを提供する予定です。低コストで人が宇宙を往復できるようになり、宇宙の産業利用が加速することになるでしょう。

他にも、同社は1万2000個の衛星を軌道に投入して高速インターネットを2020年から提供し始めています。従来のインターネット回線の20倍以上のスピードアップが期待されるStarlinkのブロードバンドインターネットシステムは、2023年までに1万2000個の衛星を打ち上げ、その後3万個の衛星が追加される予定です。したがって、今後、衛星ベースのインターネットが主流になっていくことが予想されます。

●デジタルヘルスケア

病気の予防をテーマにデジタルヘルスケア領域のスタートアップ企業は多くの革新を遂げてきました。米国シリコンバレーでは、スタートアップの23andMeとColorがゲノム分析をリードしており、欧米ではゲノム解析を使用して病気を検知、予防方法を提供するサービスが注目を浴び、消費者の間でも大変流行っています。

また、AIの進化により、治療の質が向上しています。2020年には、MRI、CTスキャン、X線を使用して撮影された多くの医療用画像がAIを使用した診断に活用されており、当領域ではシリコンバレー出身のスタートアップ、Enliticなどの活躍が際立っています。

●人工知能

AIは現在、Alexa、Siri、Googleアシスタントなどのデバイスエコシステムの出現によってさらに身近なものになり、日常生活の一部となっています。２０２０年には、深層学習とコンピュータビジョンが拡大し、ＡＩは製造業でブレイクアウトの瞬間を迎えています。米国シリコンバレーのスタートアップ企業であるVicarious、Kindred、Osaroは、製造業でＡＩテクノロジーを使用する点で注目されています。Kindredのテクノロジーは、ＧＡＰなどのアパレルブランドの流通の一部を自動化するために使用されて注目を浴び、２０２０年にイギリスの食料品大手のOcadoグループに買収されました。ＡＩを製造現場で使い、自社工場の効率化を図りたいという動きが日本の大手企業の中でも多く見られ、実際、ペガサスもシリコンバレーのベンチャー企業と日本の大企業との提携を支援させていただいた経験が多数あり、すでに大きな成果に繋がっています。

●人工食品

人工食品の市場規模は、Emergen Researchの最新の分析によると、４・８％のＣＡＧＲ（年平均成長率）で成長し、２０２８年までに２４１・5億ドルに到達すると予測されています。当領域においても、シリコンバレー出身のスタートアップの活躍が著しいです。代替肉を製造するImpossible foods、Memphis Meatsや植物由来の代替乳製品を製造するCalifia Farms、Ripple Foods、Perfect Dayなどのスタートアップが、人工食品領域における技術の進展において中心的な役割を果たしています。近年、欧米諸国を中心に増加し続けるヴィーガンやベジタリアンなどの食文化の広がりからこういった代替肉・乳製品の需要が高まりつつありますが、日本にもその波がくる時期は近いでしょう。

●ブロックチェーン

大規模な情報漏洩やインターネット詐欺を防ぐために、世界の主要機関がブロックチェーンの導入を予定しています。IBMは、ブロックチェーンに特化したアクセラレータープログラムを開始したことからも、そのことがうかがえます。また、スタートアップにおいては、マネーロンダリング対策技術を開発するChainalysisなどの決済型ベンチャー企業やセキュリティベンチャー企業が注目を集めています。さらに仮想通貨の市場も拡大を続けており、暗号資産取引所のCoinbaseが今年大型IPOを果たし、ブロックチェーンを活用した国際送金のRippleが最後のラウンドで2億ドルの資金調達に成功するなど、ブロックチェーン技術に対する投資家の関心度は高いと言えるでしょう。

●クリーンエネルギー

バイデン米国大統領が推進するクリーンエネルギー政策を巡り、米国では大きな技術革新が起きています。バイデン政権はすでに、インフラとクリーンエネルギーに2兆ドルを投資する計画を発表し、２０３５年までに国内電力を１００％再生可能なクリーンエネルギーにすることを目指しています。今回の投資の対象には二酸化炭素を削減するための技術などが含まれる見通しです。

二酸化炭素の削減を巡り、カリフォルニア州は２０３５年までに、同州で販売される自動車や商業トラックは電気自動車などのゼロエミッション車のみにするという政策を導入するなど、州レベルでも動きが見られます。その中、シリコンバレーでは電気自動車、蓄電池・水素、CO_2の資源化、ライドシェアなどの技術が大きく注目を集めています。日本も温室効果ガス排出量を実質的にゼロにするゼロエミッションに向けて着実に対策を進め、同領域における新しい技術に対する需要が高まりつつあります。

中国のスタートアップ・ベンチャー企業の動向

一般財団法人日中経済協会 専務理事 東京工業大学特任教授 杉田定大

中国のユニコーン企業

中国政府は「中国製造2025」を発表し、2025年までに製造大国から製造強国への転換を図り、デジタル化、スマート化、ネットワーク化により高度な産業構造を目指しています。IT、バイオ、航空宇宙など重点10分野でのイノベーションの具体化を図っています。また、李克強首相が「大衆創業、万衆創新」を提唱し、大衆による創業、万人によるイノベーションを促す政策を積極的に展開しています。

中国は、ユニコーン輩出規模で世界第2位を誇っており、VC（ベンチャーキャピタル）数は2000社を超え、2019年のスタートアップ企業への投資は7500億人民元（約12兆円）に上ります。データで見ても米国に次ぐスタートアップ大国で、アリババ、テンセントなどのプラットフォーム企業を生み出しています。すでに中国のユニコーン企業は１３０社超。動画ＳＮＳアプリTikTokを運営するByteDance（字節跳動）、配車サービスのDiDi（滴滴出行）、ショートムービーアプリのKuaishou（快手）など、時価総額１００億ドルを超えるスーパーユニコーン企業も輩出しています。

ここ数年、中国ではスタートアップ企業によるイノベーションが注目されています。深圳、杭州、中関村などでスタートアップのエコシステムが形成。特に、深圳では市政府の手厚い支援、ＶＣなどに豊富な資金などもあって、ハードウェア系のハイテク企業、バイオ、ＡＩ、ドローンなど数多くのスタートアップ企業が誕生しています。またHUAWEIなどの大企業からのスピンアウトも数多く見られます。

２０２０年は、コロナ禍などにより中国ベンチャー投資の件数は減少しましたが、オンライン教育、遠隔医療サービスや医療テクノロジー、生鮮食品ＥＣ、ライブコマース、電気自動車など有望な企業が生まれています。

中国のスタートアップ企業の特色

中国のスタートアップが生まれやすい要因として、次のようなものが挙げられます。

○スタープレーヤーの存在

ジャック・マーやポニー・マーに代表されるスタープレーヤーの存在。彼らがロールモデルとなり、若い起業家に希望を与えています。有力民営企業家の集まりである中国企業家クラブ緑公司連盟総会が毎年あり、高額な参加料にもかかわらず希望を持った起業家が数多く参加し、成功者であるジャック・マーなどからセミナーで話を聞き、交流を図っています。優秀なベンチャーが起業する文化が根づいているのです。

○新たな創業アイデアの社会実装化

アリババ系の金融会社アントファイナンスの事例を見ればわかるように、信用スコアを活用して、少額融資のシステムが金融規制のない状況の下で、新しいサービスとして提供されています。新たなビジネスアイデアを実現させやすい風土があり、これは、中国が米国と同じように事後規制の国であることが影響しています。

○優れた資金調達環境

2020年、中国のスタートアップ資金調達総額は約13兆円で、日本の約28倍の規模になりました。2008年の北京オリンピックを契機に、多くの資金がこのビジネスに参入。個別のVCファンドを見ても規模の大きさがよくわかる状況です。

○政府による手厚い起業支援

政府は、インターネットなどをベースとして、VCなどの育成、IPO市場の創設、税制、補助金などを通じて、スタートアップを支援し、数多くの起業家を輩出してきました。上海や深圳の創業板（証券市場）などでIPOが盛んになった一方で、大手のプラットフォーマーによるスタートアップ企業の買収も数多く見られています。最近では大手のプラットフォーマー企業による競争阻害的な行為に対して、独占禁止法などを適用し、スタートアップ企業の新しい起業チャンスや投資機会を確保しています。

日中スタートアップ・ベンチャー企業交流

2018年5月の李克強首相訪日時に、中国側から日中イノベーション協力の提案がありました。日本側はイノベーション協力に合わせ、知財権の保護の強化の重要性も主張、日中間での今後の検討課題になっています。2018年10月の安倍前総理訪中時に日中イノベーション対話のMOU締結が行われ、翌年4月に閣僚級の日中イノベーション対話が北京で開催されています。今後の協力分野としては、①急速充電システム（CHAdeMO）、水素関連技術（燃料電池）などの国際標準化、②スタートアップ・ベンチャー企業交流、③スマートシティ協力、④知財分野の協力、⑤科学技術・教育分野の交流・協力などが挙げられています。

この一環で、日中経済協会として、スタートアップ・ベンチャー交流ミッションを2018年3月深圳、2019年3月杭州、6月北京中関村、過去3回にわたって派遣し、ビジネスマッチングを行ってきました。また、最近ではコロナ禍のため、2020年上海、2021年深圳と、それぞれZOOMによるオンライン交流会を実施しています。すでに数社の日本企業の工場進出や事業提携の成果が出ています。

日中間でのサプライチェーンネットワークのエコシステムの構築

現在、日中間での量産試作と量産化を繋ぐサプライチェーンネットワークを構築したいと考えています。モノづくりベンチャー企業が直面する課題として良質な量産試作が求められています。量産試作の優位性を持つ京都の試作ネットと深圳、杭州などの企業との連携を図り、企画、設計、少量試作は中国で、量産試作を京都で行い、その後本格生産を中国で展開するといったビジネスモデルを提案したいと思います。

現実にOEMで無錫や杭州で量産をしている日系企業が多く見られていて、このような前例をうまく活用して日中間での量産試作と量産化の新たなエコシステムを構築していきたいと思います。これによって、日中の企業の強みをお互いに発揮できるものと考えています。

スタートアップ都市ベルリンについて

bistream　武田　誠

コロナ元年となった2020年、ドイツを一番沸かせたファウンダーはBioNTechのウール・シャヒンとエズレム・テュレジでした。トルコからの移民1世と2世のドイツ人で、夫婦でもある2人は、免疫療法に特化したバイオベンチャーをマインツで2008年に創設し、昨年mRNAコロナワクチンを開発したことで一躍有名になりました。この出来事は、個人の成功物語を超えて、ドイツへの移民が経済を下支えする単純労働力から、ドイツのイノベーションと産業を牽引する存在へ変化していることを象徴する出来事でした。

外国人ファウンダーと移民2世ファウンダーの都市、ベルリン

ドイツで外国人ファウンダーと移民2世ファウンダーが最も多いのはベルリンです。2017年に上場したDelivery Heroをはじめ、ResearchGate、AUTO1、GetYourGuide、Omio、

Qunomedical、Infarm、Mambu、Raisin、また直近ではGorillasなど、多くの急成長スタートアップが移民1世または2世によってベルリンで創立されています。

移民1世や2世はどの社会においても、マイノリティとして苦労を強いられることが多いことで知られていますが、それはドイツも例外ではありません。言語・文化の壁もあれば、目に見えない差別の壁もあります。また現地社会での人脈をほとんど持たず、信用を得る力も「ネイティブの血統的ドイツ人」に比べれば相対的に弱い。にもかかわらず、移民1世・2世によるフリーランス起業、そしてスタートアップ設立の割合は20％を占めており、彼らがドイツの総人口に占める割合のほぼ25％に迫っています。彼ら・彼女らがドイツ全体で創出した雇用は2005年から2018年の間に50％増加し、150万人に上っているのです。

移民1世・2世ファウンダーの数がベルリンで一番多い理由は、ドイツ人ファウンダーの数がベルリンに集中している理由と同じで、この都市の持つ国際性とオープンさにあります。ここでは、スタートアップの公用語は英語です（行政サービスも多言語化が進む）。特に外国からスタートアップの立ち上げにやってくるファウンダーが多く、グローバルなコネクションの強さは世界のどこにも引けを取りません。スタートアップのファウンダーだけでなく、様々な才能とスキル、経験を持つ若い人材が世界中からベルリンに流入し続けており、それがベルリンのスタートアップの質を高いものにしています。データで見ると、ベルリンで顕著に増加しているのは20歳から35歳までの年齢グループで、その70%を外国人が占めています。これがベルリンの人口構成を年々変化させており、「外国人あるいは移民の背景を持つ者」の割合は今では35%に達しています。まさに国際性が国際性を呼ぶフィードバック・ループになっているのです。

次世代の若手才能を世界中から惹きつける都市

ＢＣＧ（ボストンコンサルティンググループ）のデジタルタレントトリポートの２０２１年版では、ベルリンはデジタル人材にとっての世界の人気移住先の第4位に挙げられています。特にミレニアル世代にフォーカスしたNestpickによるシティランキング（２０１８年）では、ベルリンが世界で第1位にランクづけされています。そのスコアリングの内訳を見てみると、ミレニアル世代にとって特に重要な「オープンネス」においてベルリンが他都市を凌駕しています。このオープンネスの内容項目は、ジェンダー平等、移民への寛容さ、個人的自由と選択、ＬＧＢＴＱに対するフレンドリーさです。

スタートアップのファウンダーと、その理念やパーパスに共鳴して、そこで働く人々が未来をつくる人々であり、グローバルな若い世代であることを考えたとき、彼ら・彼女らの持つ価値観が、都市文化にどれほど反映されているのかが、その都市のスタートアップ・エコシステムとしての強さを決めるということに気づかされます。

そうでなければ、彼ら・彼女らは来てくれない。そして彼ら・彼女らは、定着することで都市カルチャーをつくっていく側になる。少子高齢化大国ドイツも、ベルリンも、世界各国から新天地を求めてやってくるこれらの未来の担い手たち、とりわけアントレプレナーと才覚ある人材を支援する取り組みを加速させているのです。

以前は外国人の就労許可を審査する過程で、該当ポストに関してドイツ人の採用を優先することを使用者に義務づける原則をとっていましたが、昨年3月に発効した専門人材移民法はこれを廃止。この点以外にも様々な規制緩和により、移民の入国をより容易にしています。民間では2hearts（ドイツ人としての心と、出身国人としての心の2つ）という名前の、ドイツで成功した移民1世・2世のアントレプレナーによるメンターコミュニティが昨年立ち上がっています。発起人チームにはベルリンではお馴染みの、錚々（そうそう）たるアントレプレナーや投資家のメンバー。ドイツが自らを「移民国家」と呼ぶかどうかという議論があった時代は完全に過去のものです。「外国人もしくは移民の背景を持つ者」という公式名称さえ、もうすでに古い。ドイツは成功した移民1世・2世の世代が自らを「2つ以上の心を持つもの」と呼び、後続者たちを自ら支援する時代に突入しており、その中心は間違いなくベルリンなのです。

Start-up NationからScale-up Nationへ進むイスラエル

Deloitte Israel Japanese Clients Executive　森山大器

カオスを前提として結果を出しに行くイスラエル

１９９０年代にイスラエル政府が打ち出した「ヨズマプログラム」によって、イノベーションの種を花開かせるための投資を海外から誘導することに成功したイスラエルは、スタートアップ立国、Start-up Nationとして世界中から注目されてきました。当然のことながら、投資さえあればイノベーションが起こるわけではなく、イスラエルのイノベーションの種がどこから来るのかに関する複合的な背景はすでに様々な書籍で語られています。

- スピード優先で大きな方針を示した後で詳細は追って精緻化していく
- 手元にある限られたリソースを最大限活用して何とかソリューションを考え出す
- 失敗から学び、良い方向に向かうのであれば朝令暮改もありこのような、まさにスタートアップに求められるようなアプローチが全国民レベルで浸透しているのです。特に、新型コロナのような一種の〝危機〟に対するイスラエルの反応の仕方には、途中のプロセスがいかにカオスであったとしても、最終的には結果を出す、というマインドが共通しているように思えます。

しかしながら、どんなエコシステムにおいてもステージは成熟していくものであり、イスラエルのスタートアップ・エコシステムは、Start-up NationからScale-up Nationという段階に入っています。0→1（ゼロからイチを生み出すこと）を強みとするイスラエルは革新的なスタートアップを生み出してきた一方で、その事業規模の拡大（Scale-up）においてはあまり得意ではないとされてきました。実際、イスラエルのスタートアップのイグジット（投資回収）はほとんどがM&Aですが、買収される際のサイズは、平均値で見ると5000万ドル前後という小ぶりのものがほとんどです。

まさに現在、イスラエルがScale-up Nationに進化していく過程で、いくつかの大きな変化が起こっており、日本企業としてもその変化を前提とした対応を取る必要があると考えています。以降では、いくつかの切り口をご紹介します。

スタートアップの探索よりも、探索後の検討のほうが重要に

母国に大きな市場がなく、BtoBを主なビジネスモデルとするイスラエルスタートアップにとっては、（特にレイトステージになればなるほど）VCからの資金調達よりもグローバル企業との戦略的資本業務提携を希望するのは自然なことかと思います。その理由は、その提携相手であるグローバル企業自体がスタートアップにとっては顧客になることに加え、グローバル企業と組むことによって自身にはないグローバル市場へのアクセスが得られるためです。キャピタルゲインを追求するVCと異なり、事業戦略的なシナジーを目的にしている事業会社にとっては、5年後に芽が出るかもしれない種に幅広くアンテナを張りつつも、より注力するのは、すでにプロダクトができており、短期的なシナジーが見込めるレイトステージのスタートアップとの協業検討になります。

レイトステージが主戦場になると、グローバル企業側としては、いいスタートアップと面談することは前提としつつ、その上でいかに早く事業シナジーの絵を描き、本社・事業部を巻き込み実証実験を走らせるかという〝腕力〟が必要となります。しかしながら、一昔前のオープンイノベーションのイメージで活動されている事業会社の中には、何社の新しいスタートアッ

プと会えたかをＫＰＩ（重要業績評価指数）として設定し、面談後はレポートをつくって終了という担当者も少なくないという印象を持っています。

イスラエルはシリコンバレーと比べればネットワーキング上の敷居は極めて低いエコシステムです。一定規模の事業会社が明確な目的を持ってウェブサイトやＳＮＳなどからコンタクトすれば、かなり有名なイスラエルスタートアップでも会うことは可能です。この点は「インナーサークルに入っていないと、有名なスタートアップとは会うことすらできない」と言われるシリコンバレーとは大きく異なっています。

極端な話を言えば、自社にとって意味のあるイスラエルスタートアップを見つけて初回の面談を行うまでであれば、イスラエルに駐在員を置く必要もないと筆者は思っています。実際、過去の日本企業のイスラエルスタートアップへの出資事例を見ても、初回の出資時点でイスラエルに拠点を持っていた日本企業は少数です。さらに、ウィズコロナの現在ではやむを得ないとはいえ、一度もイスラエルを訪問せずに初回面談からオンライン会議のみのコミュニケーションで出資を決める日本企業の事例も出てきています。

このように考えると、イスラエルに拠点を設置する意味としては、スタートアップを探索するということから、探索後の協業検討を行うことに重心がシフトしてきていると感じます。実際、日本企業の中には、イスラエルスタートアップとのＰｏＣ（Proof of Concept）を可能な限りイスラエル国内で実施することを主な目的として、イスラエル拠点を設置する動きもいくつか出始めています。

非常にオープンなイスラエルにおいて、誰も知らないスタートアップなど存在しません。誰もが知っているスタートアップといかに早く協業に持ち込めるかのほうが重要なのです。

現地人材の活用

日本とイスラエルではビジネスカルチャーが対局にあると言われますが、上記のようにイスラエルに拠点を設置する目的が協業検討ということになってくると、ビジネスカルチャーの違いがより論点となってきます。スタートアップと面談して終わりではなく、その後のプロセスにおいて深い議論や交渉を行いながら検討を前に進めていくというような多面的なコミュニケーションをしていれば、仕事の進め方が合わず、なぜか前に進まないという場面がたびたび発生することは避けられません。こう考えると、グローバル企業がイスラエルに拠点を置く場合には現地イスラエル人材の登用はほぼ必須と言えると筆者は考えています。しかしながら、現状では、他国のグローバル企業では現地人材を採用することが基本であるのに対し、日本企業のイスラエルオフィスは日本人で固められていることが多い状況です。まして、日本企業のイスラエル拠点のトップがイスラエル人ということは極めて稀です。今後は、より一層、現地人材活用の必要性が高まってくると感じます。

スタートアップから見た資金調達オプションの広がり

イスラエルスタートアップにとっての資金調達のオプションとしては、未上場期間を短くするモーメンタムと、未上場期間を長くするモーメンタムの2つが交差しているように思います。

未上場期間を短くするモーメンタムとしては、NASDAQにおけるSPAC上場やテルアビブ証券取引所に新しく導入された〝IPO for R&D Companies（以後R&D IPO）〟という枠組みの導入があり、直近1年間でイスラエルスタートアップの上場件数が非連続に増えました。

これまで、大きく成長する数少ないイスラエルスタートアップは、テルアビブ証券取引所をスルーしてNASDAQに上場するという動きをしていたので、テルアビブ証券取引所はスタートアップ立国の取引所にもかかわらずスタートアップの上場がほとんどないという状態が続いていました。ここに課題を感じたテルアビブ証券取引所が、NASDAQの前のステップとしてテルアビブ証券取引所で上場をしてもらうために新たに設けたものがR&D IPOの枠組みです。

創業1~2年程度で上場できてしまうR&D IPOは、それを評価する投資家や監査法人などにとってはリスクが高いと感じざるを得ないですが、スタートアップからすれば資金調達及びイグジットのオプションが増えたことになり、実際にこのR&D IPOを検討しているスタートアップは筆者の周辺にかなり増えています。この動きがあると、グローバル企業にとっては未上場期間に出資ができる機会が減ることになります。

一方で、未上場期間を長くするモーメンタムもあります。前述したようなレイトステージにおける資金の出し手が増えることで、スタートアップには非上場の期間を長く取るというオプションが増えました。米国での大型IPOの多くは、未上場期間をかなり長く取って、企業価値を高めてからのIPOとなっています。このモーメンタムの結果、極めて評価の高いイスラエルスタートアップの企業価値はこれまでに比べると高くなっており、日本企業の中には、出資を検討する際に割高すぎるという理由で見送る例を見かけることが増えています。

躍動するシンガポールのスタートアップ・エコシステム

日本貿易振興機構（ＪＥＴＲＯ）シンガポール事務所 Senior Director　田中井将人

一時代を画する２０１４年

シンガポールは、もともと金融センターとしての機能から銀行、投資会社が集積しているだけでなく、政治経済、社会インフラの安定性からグローバル企業の東南アジア地域（ＳＥＡ）統括オフィス（ＲＨＱ）も集積しています。そして、今ではＳＥＡにおいて最も成熟したスタートアップ・エコシステムとしての地位を確立し、デジタルトランスフォーメーション（ＤＸ）の文脈においても先進的となっています。ただ、それはいつからでしょうか？　そしてなぜ？　これらを振り返ることで、国際比較におけるひとつの視点となれば幸いです。

２０１４年は、アジア全体を通して見ても、アリババがニューヨーク証券取引所に上場するなどスタートアップと投資家にとって特別な年でした。特にＳＥＡにおいては、Grabがソフトバンクなどから2億5000万米ドルを、Lazadaがテマセクなどから2億5000万米ドルを、Tokopediaはセコイアキャピタルなどから1億米ドルを、それぞれ資金調達しました。何かのスイッチが入った年と言えます。

過去にこれほどの規模の投資が連続して起こったことはSEAでは一度もありませんでした。同時にシンガポール政府は、同年8月にスマート・ネーション構想を発表し、11月には実行部隊たるSNPO（異なる省庁、民間企業、研究機関を取りまとめる首相府直轄の新設事務局）を開設しました。これは一言で言えば、Fintech、IoT、ビッグデータなどを活用し、国家全体をスマート化し、より良い暮らしと経済競争力を強化しようという構想です。このときに潮目が変わった。つまり、シンガポールを中心としたSEAのリアルでフィジカルなインターネットの外側の世界に、テクノロジーの実装が一気に加速したのです。2014年は転機の年と言って過言ではありません。

3年半でスタートアップの性質は変化

こうした環境変化により、シンガポールのスタートアップコミュニティにも徐々に変化が表れています。起業家アクションコミュニティ（Action Community for Entrepreneurship：ACE）

の発表によると、2016年11月時点では同国のスタートアップの55%は消費者向けデジタル領域でした。一方で、JETROが独自に実施した調査では、2019年3月時点で約20%がFintech、約10%がヘルスケア／バイオとなっていることがわかりました。つまり、約3年半の間にECや配車サービスなどを中心とする消費者向け（BtoC）テックが半分を占めていたものが、Fintech分野の新規企業が活発化するとともに、SaaSの業界横展開として参入する企業が増えているのです。

さらに、政府がスタートアップ支援対象をAI、バイオ、サイバーセキュリティなどのDeep Tech領域に広げていることから、ヘルスケアが伸長しています。こうして、現在シンガポールには約4000社のスタートアップがあり、VC、アクセラレーター、大学、グローバル企業のRHQ、R&Dセンター、そして政府機関がともに育てるスタートアップ・エコシステムが成熟してきているのです。

インターネットの外側にある地上戦

実は今、現地スタートアップと共創・連携する日系企業は急増しています。2020年には50社を超える在シンガポール日系企業が何らかの連携をしており、前年と比べ1・7倍。これはＤＸにおける期待の表れであると思われます。では、ＤＸを語るときにどうしてシンガポールあるいはＳＥＡが魅力的なのか。経済規模の拡大、所得の向上などいくつかの基本的な要素はもちろんあるのですが、加えていくつかの条件が満たされているからではないかと思います。

１つ目はタイミング。過去を振り返ってみると、２０００年代にインターネットの内側で、広告、金融やコンテンツ産業が大きくＤＸされました。２０１０年代からその主戦場は外側の世界に広がりを見せています。つまり、ＳＮＳに代表されるような純粋なインターネットの中で完結するビジネスから、実際のフィジカルな生活や活動に接点があるビジネス領域に拡張されてきているのです。今このときが、この領域に入れるか否かを分けるタイミングではないでしょうか。

２つ目は顕在化する社会ニーズ。周知の事実かもしれませんが、ＤＸは「技術と技術」「技術と社会ニーズ」の新しい組み合わせによって加速します。特筆すべきは、後者の組み合わせに登場する「社会ニーズ」です。これは、市場、課題、ペインポイントと言い換えられる場合が多い。例えば、ＳＥＡ各国には円滑な移動を滞らせる深刻な渋滞、交通事故などのリスクの高まり、あるいは医療器具や薬剤などのサプライチェーンの多重構造、第１次産業就労者の労働環境などの社会課題がもともと存在していました。さらにここにCOVID-19の影響によって、非接触、リモート、自動化、省人化といったキーワードの社会的・経済的要請が加わったことで、大きな進化が求められているのです。

３つ目として、特にシンガポールはビジネス環境ランキング世界第2位の基盤があることに加えて、「新しいことを積極的に取り入れる姿勢・態度がある」とよく話題に上がります。色彩豊かな世界各地のエコシステムの中でも、シンガポールのそれは政府主導のトップダウン型として際立ちます。そして、新しい考え方を実生活社会に実装していく力が備わっています。例えば、「レギュラトリー・サンドボックス」に代表されるようなトライアル、概念実証（PoC）のしやすさもそのひとつです。これは先に挙げたスマート・ネーション構想により、環境としても、そして生活する人々のマインドも、下地ができているという証左と言えると思います。

これらが、SEAにおいてDXが注目される背景です。日系を含むグローバル企業から地場のユニコーンクラスのスタートアップへの巨額の投資案件が目立ちますが、加えて地道な課題探索、アイディエーションを行うことで、このSEAにおけるテクノロジーの社会実装に機会を見出す日系企業が増えることを願っています。

第3章

日本のスタートアップ・エコシステムの動向

❶ スタートアップ・エコシステム拠点形成戦略

前章まで見てきたように、スタートアップはイノベーションの担い手であり、私たちの社会や暮らしを豊かにするために必要な企業群です。世界では、スタートアップの創出と成長促進のための支援策や都市づくりが実施され、スタートアップ・エコシステム形成の競争が激化しています。

このような状況を受けて、政府では、スタートアップ支援を強化し、世界との競争に打ち勝つために「世界に伍するスタートアップ・エコシステム拠点形成戦略」を策定しました。

戦略は、2019年6月に総理大臣官邸で開催された統合イノベーション戦略推進会議で発表。政府全体の成長戦略にも盛り込まれ、内閣府を中心に各省庁が連携してスタートアップ支援を推進しています。

スタートアップ戦略には、世界へのメッセージとして、「Beyond Limits. Unlock Our Potential」という副題がついています。今までの殻を打ち破り、潜在力を解放するという意気込み。政府がスタートアップ支援を抜本的に強化することを通じて、大学、地方自治体、民間を巻き込み、日本の起業家がこれまでの制約を超越し（Beyond Limits）、日本の潜在能力を解放する（Unlock Our Potential）ことを目指す計画になっています。具体的には、次の7つの戦略で日本のスタートアップの課題解決を図っています。

戦略1　世界と伍するスタートアップ・エコシステム拠点都市の形成

○各都市のエコシステムとしての潜在力の分析、拠点都市の選定
○拠点都市への集中支援

戦略2　大学を中心としたエコシステム強化

○大学の起業家教育プログラムの強化
○大学の技術シーズの実用化促進（官民によるシーズ研究の育成）

戦略3　世界と伍するアクセラレーションプログラムの提供

○グローバルトップアクセラレーターの招致
○分野ごとのアクセラレーションプログラムの強化（バイオ・医療、Deep Tech）

戦略４　技術開発型スタートアップの資金調達等促進（Gap Fund）

○日本版ＳＢＩＲ制度の見直し

○研究開発型ベンチャー支援事業の抜本強化

戦略５　政府、自治体がスタートアップの顧客となってチャレンジを推進

○内閣府オープンイノベーションチャレンジの抜本的強化

○公共調達ガイドラインの実践・地方自治体のスタートアップからの調達促進

戦略６　エコシステムの「繋がり」形成の強化、気運の醸成

○ＪＳＴ—ＮＥＤＯ連携強化を軸とした横断的な創業支援システムの構築

○各省庁、民間のスタートアップ関連イベントの連携強化

戦略７　研究開発人材の流動化促進

○人材流動化プロジェクト等の支援（出向、出島形成等）

○イノベーション人材の流動化に係る要因調査

戦略1では、スタートアップ・エコシステムの拠点としての都市を選んで集中支援するという方向性が示されました。優れた地域を選定し、さらに応援する試みです。この政策では、世界と競争して勝つことを目標にしているため、スポーツで強化選手を選定し、さらに応援する方法と同様に可能性をより一層伸ばすアプローチをとっています。シリコンバレー、ニューヨーク、ロンドン、パリ、北京、シンガポールのような都市と伍していくために何が必要か、との観点です。

なお、この集中支援で地域の格差が広がるのではないか、との疑問の声もあるかとは思います。地域を応援するという観点では、政府の別部隊である地方創成事務局が地方創成交付金等の多額の資金を投入しており、地域振興の支援は引き続き実施することとなっています。

戦略2は、研究開発の事業化で世界に勝つことを意識しています。日本の勝ち筋は技術力。ならば技術力の源泉たる大学を支援しようという考え方です。

これまでのスタートアップの覇権争いは、ＩＴサービスの世界でした。ここではＧＡＦＡ（グーグル、アマゾン、フェイスブック、アップル）が、インターネットをベースとするビジネスの基盤をつかんでいます。残念ながら日本企業はこの競争においては後塵を拝しています。

では、次の覇権争いはどこで起こるのかというと、インターネットとリアルの世界が融合する世界が勝負どころではないかと言われています。このリアルの世界や、インターネットとリアルとの接点でのビジネスには、研究開発の成果の新しい技術が使われます。
また、高齢化、医療福祉、環境などの多様化する社会課題の解決にも、医療・バイオ分野、物質材料分野、機械工学分野、宇宙開発分野などの研究成果の活用が必要となります。
日本の大学では、世界に誇ることのできる研究開発が進められており、この成果を効果的に事業化することで、競争に勝ち、世界に貢献することができます。この戦略では、これまでの大学の研究成果の事業化の加速のために、起業家教育や事業化支援プログラムに重点が置かれています。

戦略3と**戦略4**は、スタートアップの立ち上がりの部分の支援。日本では、事業がある程度立ち上がって、ビジネスの先行きが見える状況では、公的支援や民間の資金供給が受けやすいというのが、これまでの状況でした。それを是正しようという趣旨です。

戦略3のアクセラレーションプログラムというのは、スタートアップが創業期の経営を応援するプログラムです。経営を加速するということでアクセラレーションという言葉が使われています。具体的には、起業家に対するセミナーや個別相談（メンタリング）や交流会を通じて、事業開始時のビジネスプランの磨き上げや、経営チームの形成、初期の支援者や連携先との繋ぎを実施します。

戦略4は、事業を立ち上げるときの資金面での支援。研究室の研究成果と事業化の間には資金の溝（ギャップ）があると言われています。実証ができておらず成功するかどうかわからない研究成果に資金を出す人は少ないのがこの原因です。このギャップを補助金等で埋めるのがギャップファンディングと言われるものです。米国ではＳＢＩＲ（Small Business Innovation Research）という制度があり、まだ成果が出るかどうかわからない研究成果に積極的に補助金を投入して事業化を応援しており、そこから多数のユニコーンや成長スタートアップが生まれてきています。日本も同様にこのＳＢＩＲ制度を今後抜本的に強化します。

戦略5は政府調達の強化。スタートアップが事業を始めて最初に突き当たる大きな壁が、顧客の獲得です。技術や事業が市場の中で証明されておらず、知名度や信用力のないスタートアップの製品やサービスを、リスクをとって使おうという顧客・顧客企業は少ないのが現状。ならば、政府が試験的に使ってみて、結果が良ければ大幅に導入しようというのがこの取り組みです。政府がまず調達することで、スタートアップの信用力がアップし、初期需要の創出が図られることが期待されています。実態として、積極的な動きをつくるのが難しい分野ですが、ガイドライン等をつくりつつ、少しでも前に進めようという趣旨です。

戦略6は雰囲気づくり。日本では、まだまだスタートアップが経済のメインプレーヤーになるまでには至っていません。

「フェイスブックのマーク・ザッカーバーグを目指せ。アリババ集団のジャック・マーを目指せ」と、米国や中国はじめ世界の国々では、成功したスタートアップ経営者がロールモデルとなって若者がスタートアップを志すという好循環が生まれています。

一方、日本において調査をすると、起業に興味のない人が国民の約7割を占める状況になっています（「中小企業白書2019年度」）。「親ブロック」という言葉がありますが、若者が起業しようとしたり、スタートアップに就職しようとしたりすると親が止めるという現象もまだまだよく聞く話。支援機関が連携して支援の枠を広げる、イベントなどを通じてスタートアップを巡る気運を盛り上げることから、日本のスタートアップの裾野を広げようという取り組みです。

戦略7は、資金調達とともにスタートアップの大きな課題となっている人材の確保を進めようという試み。欧米のスタートアップの成功例では、大企業や公的部門の経験のある経営者が、スタートアップの成長過程で大きく貢献しています。人材の流動性がそれを可能にするという構図です。日本ではまだまだ大企業に人材が固定化する傾向にあるので、スタートアップや子会社に出向することを推進する、新しい試みをする組織を大企業から切り出して「出島」をつくる、といった日本流の人材流動化の試みを進めようという取り組みです。

以上の戦略を内閣府、文部科学省、経済産業省が中心となって各省と連携しながら実施していきます。予算要求と執行、法律改正、税制、規制緩和など様々な政策ツールを活用し、新しい取り組みが進む予定です。政策は方向を示すのみでは不十分。関係者を巻き込み実行して、その結果を検証し、改善したうえで継続することが肝要です。スタートアップ・エコシステム拠点形成戦略の今後の動向に注目です。

コラム 世界のスタートアップ政策は本当にうまくいっているのか

政策の検討の際に、諸外国の政策と日本の政策を比較するのは、必須のプロセスです。その際に、「隣の芝生は青い」と諸外国が進んで見えることも多くあります。

しかし、スタートアップ政策については、各国とも苦労しているのが実情。特に、「スタートアップが次々と生まれるシリコンバレーを我が国にもつくろう」という政策は、多くの国がチャレンジしてうまくいかない事例の連続だったのです。

スタートアップ政策の研究の大家であるハーバード大学のジョシュ・ラーナー教授の著書に"Boulevard of Broken Dreams"という本があります。表題を訳すと『壊れた夢たちの大通り』という題名。世界中のベンチャー政策の失敗例を列挙して分析しています。各国の政策がシリコンバレー創出を夢見てうまくいかなかった理由として、次の項目を挙げています。

①素材や潜在力がないところに無理に拠点をつくろうとする

②知見や経験を持つ民間のプロの力を活用できていない
③制度を検討しすぎて複雑にする
④政策の規模が市場に対して小さすぎるか大きすぎる
⑤政策の効果が出るまで時間がかかることを理解できず、途中でやめてしまう
スタートアップ・エコシステム拠点都市の形成においては、ラーナー教授の指摘を反面教師としつつ、「民間のプロの力を活かす」「複雑にしない」「適切な規模で実施する」「効果が出るまで継続する」という姿勢で政策にあたる必要があると考えています。ブームや景気変動に左右されない揺るぎないスタートアップ支援が重要なのです。

❷スタートアップ・エコシステム拠点都市

2020年7月、安倍前総理大臣の出席する総合科学技術・イノベーション会議で、スタートアップ・エコシステム拠点形成戦略に基づく、拠点都市の選定結果が発表されました。世界と戦う「グローバル拠点都市」に、東京（東京、川崎、横浜、和光、つくば）、名古屋・浜松、関西（大阪、京都、神戸）、福岡の4拠点、地域の特徴を活かす「推進拠点都市」に、札幌、仙

台、広島、北九州の4拠点が選定されました。

選ばれた8拠点では、スタートアップ・エコシステム形成の推進を政府とともに強力に推進します。各都市の概要は次のとおりです。

●スタートアップ・エコシステム東京コンソーシアム（東京都、川崎市、横浜市、和光市、つくば市、茨城県等）

スタートアップやVC・大企業等の支援者が圧倒的に集積する東京都心部（渋谷、六本木・虎ノ門、大手町・丸の内、日本橋）を核に、研究開発拠点を有する各都市（川崎、横浜、和光、つくば）が連結。知事や市長直属の支援チームが民間と協力しつつ、シリコンバレー、ボストンなどのキープレーヤーと連携。東京大学（五神総長のもと学内起業家支援施設を開設）、慶応大学、早稲田大学など有力大学でワーキンググループをつくり起業家を育成。

●Central Japan Startup Ecosystem Consortium（愛知県、名古屋市、浜松市等）

日本を代表する製造業の集積とスタートアップとの繋がりでイノベーション創出の加速を目指す。中部経済連合会など経済界が繋ぎ役となり愛知県と名古屋市が連携。日本最大級のスタートアップ拠点「ステーションAi（フランスのStation Fに対抗）」を大村知事のイニシアチブ

総合科学技術・イノベーション会議（出所：首相官邸Web site）

で整備予定。モビリティ（車を含む移動手段）、インフラ、ヘルスケア、農業などを重点分野に支援が強化される予定。スタートアップの活動が活性化している浜松との連携で医療や光の分野での成長企業創出も狙う。

●大阪・京都・ひょうご神戸コンソーシアム（大阪市、京都市、神戸市等）

関西の3都市がスタートアップ支援で連携を推進。大阪は資金、人材、京都は研究シーズ、製品化支援、神戸は社会実証実験・公共調達で強みを有しており、これを複合的に組み合わせる形で、スタートアップを育成する経済圏の形成を目指す。大阪府・大阪市、京都府・京都市、兵庫県・神戸市が、トップ・事務方を合わせたスタートアップ支援で協調するのは、これまでになかった取り組み。ヘルスケア、ものづくり、情報通信分野に重点を置き、大学・研究機関が連携。2025年の「大阪・関西万博」に向け、経済界を含め京阪神一体となった支援体制を構築する。

●福岡スタートアップ・コンソーシアム（福岡市等）

2012年「スタートアップ都市宣言」以降、高島市長のイニシアチブで一貫して官民協働による起業支援やスタートアップのコミュニティ形成。シリコンバレー、エストニア、ヘルシンキ、台湾との連携でアジアでの国際都市としての存在感を強化。市街地の中心に位置する「Fukuoka Growth Next」での若手起業家の活動や九州大学「起業部」をはじめ、若手のコミュニティが活性化。九州大学が新キャンパスに移転した広大な跡地では新技術の社会実証を実施中。独立系ＶＣの活躍、大型スタートアップイベントの定期開催など、エコシステム形成が加速。

●札幌・北海道スタートアップ・エコシステム推進協議会（札幌市等）

第1次産業、バイオ・ヘルスケア、宇宙産業等がターゲット。「NoMaps」など国際イベントでコミュニティ形成。充実した実証フィールド、北海道型ライフスタイルを提供。

●仙台スタートアップ・エコシステム推進協議会（仙台市等）

社会課題解決を目指すソーシャルスタートアップの起業家・支援者の層の厚みが特徴。東北大学の材料科学、災害科学等の事業化に民間と連携で取り組む。

●広島地域イノベーション戦略推進会議（広島県等）

自動車産業等製造業のＡＩ・ＩｏＴ導入、ゲノム編集など大学の先端技術を活かしたイノベーションの創出を目指す。イノベーション・ハブ・ひろしまCampsはじめ人材の集まる拠点を整備。

●九州市ＳＤＧｓスタートアップエコシステムコンソーシアム（北九州市等）

ＳＤＧｓ未来都市の実現を目標に、環境、ロボットの分野に特化。ロボット産業や鉄鋼業などの産業集積や北九州学術研究都市の研究機関との連携を軸にスタートアップを支援。

スタートアップ・エコシステム拠点都市は、地方自治体、大学、民間組織のコンソーシアム（協議会）を実施組織体として選定しています。地方自治体、大学、民間が同時に連携して動かない限り、継続的でインパクトのある事業が実施できないことが、過去の例で明らかになっていることがその理由です（古くは、1980年代のテクノポリス計画から自治体主導の計画がつくられ、それを認定して支援する施策が実施されてきました。しかし、計画は形式的なものが多く、補助金や支援策が終わった段階で計画の動きも終了するというパターンでした）。

今回はそうではなく、自律的にエコシステム形成が継続するように、自治体、大学、民間のキープレーヤーがコミットする協議会形式になっているのです。

協議会の中で、自治体は全体の取りまとめと支援策の実施、大学は研究開発成果の供給と事業化の促進、民間は経営の知見や資金などの供給を担います。特に留意すべき点は、人と人が「顔の見える」形で繋がるコミュニティの形成で、このためにキーパーソンや実際に機動的に動く若手人材を指名する形で、エコシステムを形成する計画がつくられています。

また、地域ごとに5年間で達成を目指す目標を設定していますが、これも地域の特徴や活動を軸にした独自指標を打ち出しています。世界で戦うユニコーンの創出こそ共通ですが、あとはスタートアップ創出、大学発スタートアップ創出、評価額10億円以上の企業の育成、評価額100億円以上の企業の育成など、地域の考えにより様々な指標となっています。

スタートアップ・エコシステム拠点都市の選定にあたっては、当初3都市程度の選定を政府で予定していたのですが、公募したところ全国の30以上の都市から要望が入り、各都市からの

スタートアップ･エコシステム拠点の概要

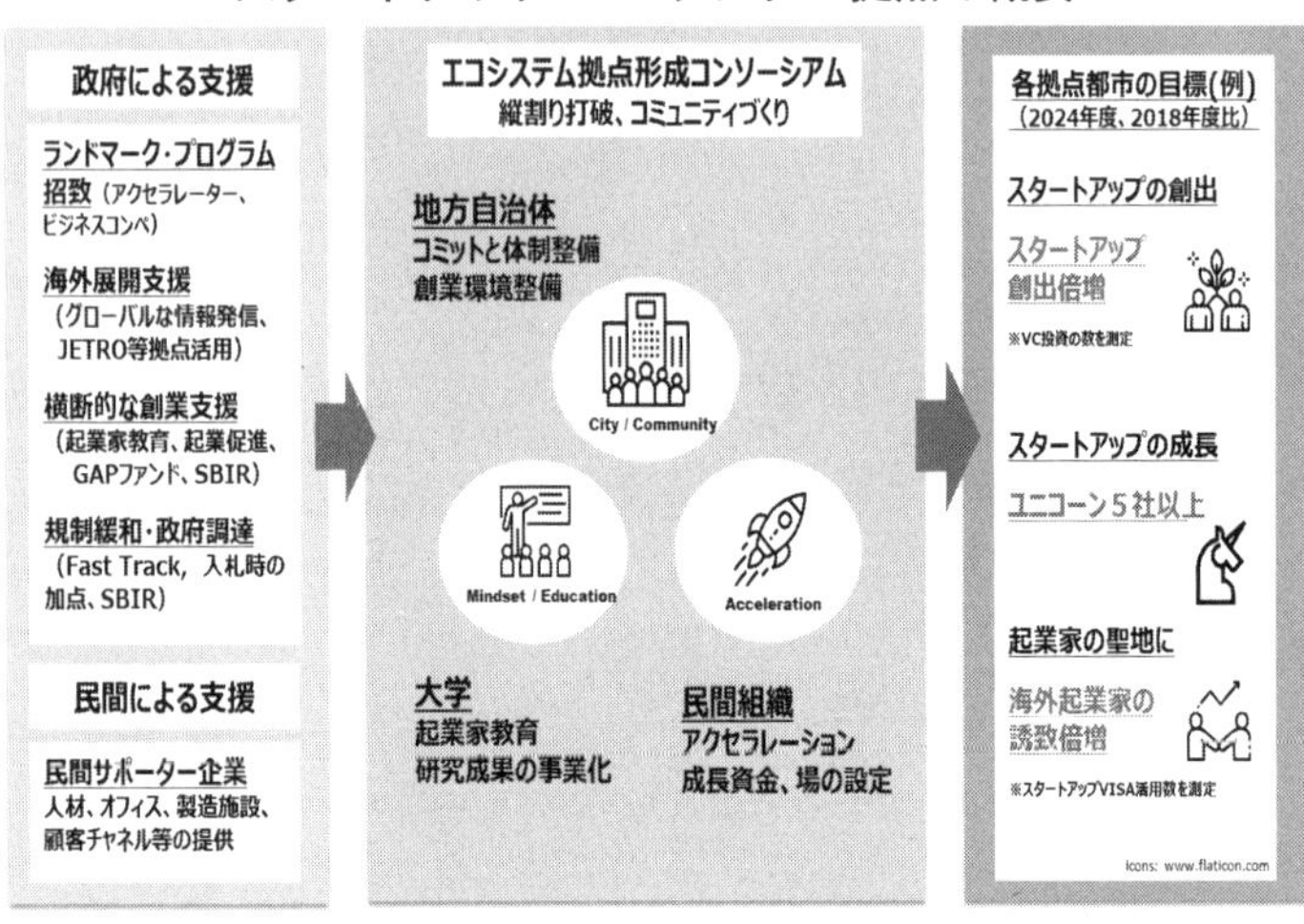

出所：内閣府

アピールも激化しました。そこで、各都市の計画を審査した上で、現地訪問調査も実施し、一定レベル以上の都市をやや広めに選んだほうが、各都市の切磋琢磨でエコシステム形成が進むとの判断で、グローバル拠点都市4カ所、推進拠点都市4カ所の選定になりました。

今回の都市の選定過程において特徴的だったのは、申請準備の段階で都市間連携が急速に進んだことです。東京では、東京都、渋谷区、和光市、つくば市、川崎市、横浜市が当初独自申請だったものが、研究開発成果の実用化というテーマで、拠点間の連携を進めることになっています。名古屋は愛知県と名古屋市と浜松市が首長同士の結束で繋がりました。また、関西は大阪、京都、神戸の3都市が、経済界の先導により合流。大阪・関西万博を契機に繋がりを深めようとしています。

いずれも、面的な繋がりではなく、人の集積する地点の繋がり、ハブアンドスポーク型（空港の繋がりのように点と点が網目のように繋がる様子）を形成することを目指しています。

選定された都市のメリットは、スタートアップ関連予算事業の優先的な配分、規制緩和の推進、海外へのナショナルブランドとしての発信などで、内閣府を中心に様々な事業が実施されます。

特に、代表的な支援プログラムとなる、アクセラレーションプログラムでは、各拠点都市の有望スタートアップをグローバルなトッププレーヤーと繋ぎます。グローバル展開準備中の企業には、戦略策定や体制整備の支援を、すでに準備が整っている企業には、具体的な人材獲得・資金調達・事業提携等のきっかけを提供します。

あわせて、政府の「スタートアップ支援パッケージ」も実施されます。起業家教育の推進、政府支援機関が境目なく繋がるプラットフォーム「PLUS：Platform for unified support for startups」の構築（JST、NEDO、JETRO、AMED、中小企業基盤整備機構、産業技術総合研究所、農研機構、IPA、JICAの9機関連携）、新SBIR制度、海外展開支援など多数の事業を拠点都市への優先的な投入を図ることとなっています。

さらに、選定都市同士の交流を深めるため、スタートアップ・エコシステム拠点都市推進協議会が設立されています。設立会合では、グローバル拠点都市4拠点、推進拠点都市4拠点の18自治体の首長等がオンラインでスタートアップ支援を熱く語りました。協議会の枠組みでは、首長と政府幹部によるスタートアップ支援についての意見交換・政策検討と、官民の担当者等のワーキンググループ（WG）の活動を推進。

ワーキングでは、若手を中心に「国の支援策を使い倒すためのWG」、「自治体のベストプラクティス共有WG」（独自支援、社会実装、海外連携等）、「アントレプレナーシップ教育推進WG」（大学への産業界のサポート等）が開催され、スタートアップ・エコシステム拠点都市の活動をさらに加速します。

もうひとつ、各都市で共通する点として、政府の拠点都市として選ばれたことで、各都市エリアにおける自治体の若手などスタートアップを支援するチームが動きやすくなること、大学や経済界においてスタートアップを応援する声が広がりやすくなることが大きなメリットとなっています。

安倍前総理は、拠点都市の選定発表の総合科学技術・イノベーション会議で、各省庁に次の指示を出しています。

「新たなイノベーション、科学技術の力を、しっかりと様々な社会課題の解決へと繋げていく。そのエンジンは『起業家精神』です。ベンチャー精神こそ、新しい時代を切り拓く原動力です。

起業家精神溢れる人材を、次々と生み出していく。そのための新たなエコシステムを、我が国につくりあげていかなければなりません。

今般、その中核となる地域を選定しました。本日は、東大の五神総長やＮＥＤＯ理事長にも参加いただいていますが、こうした拠点地域では、関係機関すべてが連携して、スタートアップ企業への総合的かつ重点的な支援を行ってまいります。

さらには、大学在学中に一度は必ず起業を行うといった、これまでにない実践的な起業家教育を、希望する学生すべてが受けられるような環境整備を、大学や自治体、産業界と協力して進めてください」

コラム　ベンチャーキャピタルとは何者か

アップル、グーグル、フェイスブックなど、米国の成長企業が生まれる背景には、ベンチャーキャピタルによる資金供給と経営支援があると言われています。米国ベンチャーキャピタル協会（ＮＶＣＡ）の調べでは、ベンチャーキャピタルの投資した会社が、米国の民間雇用の１割以上を生み出し、その売り上げはＧＤＰの２割を占めるとのこと。新しい成長企業を創出するエコシステムの中心にベンチャーキャピタルが存在しています。では、ベンチャーキャピタルとはいったい何者なのでしょうか。その特徴は次のとおりです。

①投資家（事業会社や機関投資家など）から資金を集めて、投資資金の塊であるファンドをつくる

②ファンドから複数のベンチャー企業に投資して、見返りに会社の株式を取得する

③投資先企業の経営を支援して成長を促進する

④投資先のIPOやM&Aを機に取得していた株式を売却し、キャピタルゲインを得る

⑤その収益を投資家に分配する

⑥この過程において、ファンドの管理報酬と成功報酬（一定以上の投資リターンを投資家に分配できたときの報酬）で収益を得る

例えば、2000万円の資金をスタートアップに供給して、会社の1割の株式を取得、その会社が成長して8年後に200億円の時価総額の企業として株式上場した場合、投資資金は200億円の1割の20億円になります。最初の投資2000万円が100倍になったことになります。これがベンチャーキャピタルの収益の仕組みです。

もちろん、このような事例は大成功のホームラン事例ですが、多くのベンチャーキャピタルやファンドに出資する投資家はこのような成功を夢見ているのです。

一方、スタートアップの成長には、「テクノロジーリスク×マーケットリスク×マネジ

メントリスク」があると言われています。新しい技術やビジネスモデルが市場に投入できるか、市場が想定していたとおり存在し成長するか、経営陣がきちんと企業を運営できるか、というリスクです。これらは掛け算の関係になっていて、いずれかがゼロになると全体がゼロになります。ですから、ハイリスク・ハイリターンがベンチャーキャピタルの投資の基本になっています。

第4章

日本各地のスタートアップ・エコシステムの動向

（各地からの寄稿）

スタートアップ・エコシステム拠点都市に選定された各都市の動向について、現地のキーパーソンから寄稿をいただきました。それぞれの地域で盛り上がるスタートアップの動きを感じていただけますと幸いです。

スタートアップ都市・福岡　チャレンジの軌跡

福岡市長　髙島宗一郎

まだ「スタートアップ」という言葉すら定着していなかった10年前、福岡市が、なぜ日本国内でいち早く独自のスタートアップ支援の取り組みをスタートさせたのか。その後、いかにムーブメントを生み出し、そしてスタートアップ・エコシステムを構築してきたのか。ここでは、その歩みを振り返り、シェアしたいと思います。

福岡市のスタートアップムーブメントのきっかけは、マイクロソフトやスターバックス、アマゾンなど、世界に名だたるグローバル企業が生み出されたシアトルです。市長就任の翌年、2011年に視察した際に、自然や文化が豊かで、大学も多く、街がコンパクトという「住みやすく、働きやすい」環境、首都と比べてビジネスコストが低く、チャレンジしやすいという特性が、都市の強みになっていることに気づきました。そして、シアトルと似た環境を持つ福岡市には、創造的で先鋭的な人材や企業が世界中から集まり、新たな価値が次々に生み出される都市となる大きなポテンシャルがあると確信しました。

２０１２年９月、起業家やエンジニア等によるイベント「明星和楽」の場に、スタートアップ支援の最前線で活躍するフロントランナーを迎え、「スタートアップ都市ふくおか」を宣言しました。「スタートアップ」支援を福岡市の経済政策の中心に据える明確な方針を示したのです。

この宣言以降、創業のムーブメントが徐々に広がり始めましたが、様々な規制が大きな壁として立ちはだかりました。そこで、産学官民一体のシンク＆ドゥタンク「福岡地域戦略推進協議会」とともに、国に対して規制緩和の提案が可能となる「国家戦略特区」の獲得に尽力し、２０１４年５月、「グローバル創業・雇用創出特区」として指定を受けました。

同年10月には、創業に関する相談を誰でも気軽に行える「スタートアップカフェ」をオープンしました。これにより、起業家や投資家だけの関心事であったスタートアップが、学生、若者を中心に、自己実現の選択肢のひとつであるという意識が徐々に浸透していきました。さらに、民間主導イベントの開催や九州大学起業部の創設など、産学官の垣根を越え、様々な動きが生まれ、それが大きなうねりとなり、スタートアップがまち全体を包み込む大きなムーブメントへと変化していきました。

このムーブメントを福岡市内だけにとどまらせないため、特区のメニューである「スタートアップビザ（創業を目指す外国人の入国要件の緩和）」などの規制緩和策に、福岡市独自のスタートアップ支援施策を組み合わせた「スタートアップパッケージ」を打ち出し、海外の優秀なスタートアップの呼び込みへも力を入れました。さらに、スタートアップ企業が創業当初から世界を見据えたビジネス展開を行えるよう、ヘルシンキ市や台北市等と協定（ＭＯＵ）を結び、11カ国・地域、15拠点に及ぶグローバルネットワークを構築しました。

スタートアップムーブメントの盛り上がりを受け、次なる施策として重要だったのが、起業家、支援者など、立場や世代を超えた様々な人が集まり、交流する場の創設です。人が集い、交流することで、予想もしないような化学反応が起き、新しいビジネスがスピード感を持って生まれてくると考えたからです。

そして、２０１７年4月、廃校した旧小学校校舎を活用し、スタートアップカフェ、インキュベート施設、コワーキングスペースを併設する「Fukuoka Growth Next（フクオカ・グロース・ネクスト、通称ＦＧＮ）」が誕生しました。１４０年もの歴史を持つ学校の校舎がスタートアップという最先端が集積する場に生まれ変わり、世の中に大きなインパクトを与えました。

ＦＧＮは福岡市都心部に位置しており、当初の狙いどおり、多くの方が行き交う新たなランドマークとして定着しました。また、入居企業の資金調達も、2021年3月末現在で53社・175億円に至るなど、着実に成果が出つつあります。2020年7月には内閣府が進める「世界と伍するスタートアップ・エコシステム拠点都市の形成」において、単独の自治体として唯一、グローバル拠点都市に選ばれました。これを機に、スタートアップ・エコシステムの構築に向けさらに加速していくとともに、国からの支援にも大きな期待をしています。

新型コロナウイルス感染症によって、社会のあり方が大きく見直されています。こうした時代の変革期にこそ、「ピンチはチャンス」という発想のもと、これまでにない発想や最先端テクノロジーを活用し、最速で社会課題の解決に取り組んでいく必要があります。

福岡市では、新しいイノベーション、ビジネスを創出するための実証実験を積極的に受け入れており、「新たなチャレンジは福岡市で」と、日本の中でも独自の地位を築き上げています。前例がないことに対して、行政はどうしても及び腰になりがちですが、福岡市で成功事例を示すことができれば、他の地域でも新たなチャレンジがしやすくなり、ひいてはそれが、日本全体を最速で変えることに繋がると考えています。

リスクを取ってチャレンジする人が尊敬される国、自分たちの未来を自ら創ることができる国、日本。そんな素晴らしい国の実現を目指し、福岡市は全力でチャレンジを続けていきます。

千年の歴史が紡ぐ京都の挑戦

京都市長　門川大作

京都のまちの根底にある町衆とイノベーションの風土

京都は千年を超える悠久の歴史の中で、疫病、戦乱、自然災害などの危機を、イノベーションによって乗り越えて発展してきたまちです。

西暦869年に始まった「祇園祭」は疫病と全国で頻発していた自然災害を鎮め、世の中や人々の安寧を願ったものです。

また、明治維新による東京奠都により京都の人口が3分の2に激減し、都市存亡の危機に見舞われた際、京都の町衆は、子どもたちに未来を託し、自分たちの力で日本初の64の学区制小学校を創設しました。さらに、全国に先駆けて、公立の工業高校（現市立京都工学院高校）と美術工芸学校（現市立芸術大学）を創設。「琵琶湖疏水事業」では水力発電所を建設、路面電車を走らせ、これらは今日の発展の礎となっています。

人を育て、文化・芸術・ものづくりを大切にし、イノベーションを興すことをまちづくりの根幹に据えてきたのが京都です。

京都の産業特性、京都の強み

京都の文化、伝統技術は先人たちのたゆまぬ努力、進取の気風、「世の為、人の為」という高い志により高められてきました。

〝島津製作所〟は、仏具の製造から始まり、現在は医療機器でコロナ禍に貢献、〝京セラ〟は陶磁器をファインセラミックスへ、清酒の醸造発酵技術がバイオ、コロナウイルス試薬に、染色や印刷技術が半導体製造装置に進化。さらには、能・狂言・歌舞伎、そして、かるた、花札などの伝統文化・芸能の蓄積が、〝任天堂〟、〝京都アニメーション〟に象徴される今日の映画・アニメ・ゲームなどのコンテンツ産業の振興に繋がっています。

伝統と先端の融合、根底にある「先義後利」「利他の心」などの経営哲学により、独自の強みを発揮した多くのグローバル企業が京都から生まれています。

一方、大学・学生のまちである京都市には38の大学があり、人口の1割、15万人の学生（うち1万人強が留学生）が学びます。知の集積地・京都では、日本人ノーベル賞受賞者25人中、京都ゆかりの受賞者を14人輩出、近年では、山中伸弥先生、本庶佑先生、吉野彰先生がご受賞。京都のイノベーション力の高さの象徴として国内外で評価されています。

このような本市の都市としての価値・強みを魅力に感じていただき、グローバル企業やスタートアップ、アクセラレーターが、今日、本市に集結しています。〝パナソニックのデザイン拠点〟や〝ソニーコンピュータサイエンス研究所〟、〝LINEの技術・開発拠点〟、さらには〝Sansan〟や〝マネーフォワード〟などのスタートアップ、世界的アクセラレーター〝プラグ&プレイ〟や社会起業家を育成する〝フェニクシー〟等が、市内に拠点を設けています。

今後、さらに、「景観」と「活力」の両立を図り、産業用地・空間、オフィス等を創出し、こういった重要なプレーヤーの活動を支え、連携を強化します。

スタートアップ・エコシステムの構築に向けた取り組み

2020年7月に、京阪神一体で、国のスタートアップ・エコシステム「グローバル拠点都市」に選定されました。竹本直一前担当大臣は京都大学ご出身で、京都にご理解が深く、常に交流を図っていただくなど、本当に感謝しております。

さて、本市では世界に羽ばたくスタートアップを創出するべく、様々な取り組みを進めています。例えば、コロナ禍で顕在化した社会課題解決に挑戦するスタートアップを対象とした京都市独自の補助事業を2020年度に実施したところ、医療、環境、文化、観光など様々な社会課題の解決に挑戦しようと177件の応募があり、124社を採択させていただきました。「京都をソーシャル・イノベーションの聖地に」と、社会課題をビジネスで解決していこうと全国に先駆けて取り組んできた私としても、心強い限りです。

また、民間においてコワーキングなどの施設が相次いでオープンしており、本市も学校跡地等を活用したスタートアップの拠点づくりに取り組んでいます。公民が連携して、まち全体をスタートアップで活気づけ、日本と世界の社会課題解決に貢献したいと考えています。

文化で日本中を元気に、世界から尊敬される日本を

2019年度には、故・立石義雄前京都商工会議所会頭の思いが詰まった「京都経済センター」が開所、また、オール京都での産業振興の実行機関である〝一般社団法人京都知恵産業創造の森〟が発足しました。

2022年度には、いよいよ文化庁が機能を強化して京都に全面的に移転します。市立芸術大学の京都駅東部直近への全面移転にも取り組むなど、日本、京都が誇る文化を基軸にした都市経営を行い、産業と文化・芸術、科学技術の融合によるイノベーションを強化します。誰一人取り残さないSDGsの理念のもと、脱炭素の実現、新たな価値を創造する持続可能な都市を構築してまいります。

京阪神の自治体、経済界等、国とも連携を強化し、「スタートアップの都・京都」を目指し、挑戦を続けてまいります。

浜松市は元祖「スタートアップの街」

浜松市長　**鈴木康友**

浜松市は人口80万人を擁する、中部圏では名古屋市に次ぐ第2の都市です。全国に20ある政令指定都市のひとつですが、その特徴は、県庁所在地ではなく、大都市圏にも位置していないという点にあります。つまり、唯一自らの力で自律的発展を成し遂げ、政令指定都市にまでなった全国でも例を見ない都市ということです。

発展の原動力となったのは「産業力」。静岡県の西端の一地方都市から、スズキ、ホンダ、ヤマハ、ヤマハ発動機、カワイ、浜松ホトニクスなどの世界企業が次々と生まれ、分厚い産業構造が形成されてきました。トヨタももともと浜松近郊の湖西が発祥の地です。

しかし、これらの世界企業も、創業の頃は小さな「町工場」でした。その町工場が発展し、やがて数千億円から数兆円の売り上げを誇る企業にまで成長。こうした経緯を見ると、浜松市は元祖「スタートアップ」の街と言えます。

第4次産業革命という100年に一度の大変革の時代に突入し、浜松市がさらなる発展を遂げていくためには、我々自身が先人に続き、新たな「起業の街」を目指さなければなりません。それが「スタートアップ施策」に力を注ぐ私の基本的な問題意識です。

浜松のスタートアップに対する特徴的な施策を3つご紹介しましょう。

まずは「ファンドサポート事業」。この事業は、浜松が認定したベンチャーキャピタル(VC)が、浜松に拠点を置くスタートアップに投資をした場合、審査に合格すれば、投資額と同額の交付金を市が提供するという事業です。医療系は最大7000万円、それ以外の業種は5000万円までを上限に交付を行います。

VCにとっては、投資リスクを軽減できるメリットがあり、スタートアップにとっては資金を獲得しやすくなるというメリットがあります。認定VCは現在23社(2021年4月時点)、採択企業は2019年が3社、2020年が10社で、現在13社となりました。分野別では、健康・医療関連が4社、次世代輸送用機器関連が3社、光・電子関連が2社、農業関連が2社、IT関連が2社。市内、市外の内訳では、市内企業が6社、市外企業が7社であり、市外はやはり東京の企業が多い状況です。

市外企業は浜松市に拠点事業所を置くことが条件となっていて、期間は最低10年と定めてあるので、首都圏等から有力なスタートアップを誘致することにも繋がっています。こうした企業が浜松市のスタートアップ・エコシステムに入ることは、エコシステム自体の発展にも繋がるし、市内のスタートアップやものづくり企業等への様々な波及効果も期待できます。

採択企業からは、やはり「ＶＣからの調達に加え、交付金が加算されることで事業を加速することができた」という声が多く出ています。また交付金以外の浜松市が行う伴走型支援に対する評価もいただいています。特に冒頭でご紹介したように、浜松市はものづくり分野における世界企業が数多く存在するので、そうした企業とのマッチングに対する期待も大です。

次にご紹介するのは「実証実験サポート事業」。この事業は、事業に採択されたスタートアップが、浜松市内で行う実証実験に対し、実証フィールドの斡旋、モニター募集、地域住民や関係機関との調整、プレスリリース支援、２００万円の費用補助等、総合的に支援を行うという事業です。他都市でも同様の取り組みがありますが、浜松市の魅力は、「国土縮図型都市」と称されるように、伊豆半島よりも大きな市域に、都市部から中山間地域まであらゆる特性を持つ地域を包含しているので、実証実験にはもってこいの都市であること、手厚いハンズオン支援が用意されていることなどが挙げられます。

例えば自動運転システムを開発中のスタートアップ「PerceptIn」は、浜松市内の中山間地域において、ＬＳＥＶ（低速電動車両）の自動運転公道走行実験を実施し、住民１２０人が試乗を行いました。公共交通が衰退している地域における近距離輸送を目指す事業ですが、都市部しかない自治体では実験ができないので、浜松ならではの取り組みと言えます。

最後にご紹介するのは、「グローバルスタートアップ連携事業」。この事業は、革新的技術やアイデアを持つ世界のスタートアップと本市の企業とが、オープンイノベーションを通じ、新事業創出を図るという取り組みです。

具体的には「ネクストシリコンバレー」として世界中から注目を集めるイスラエルとの連携を進めています。イスラエルのスタートアップの先端技術は、次世代輸送用機器やヘルスケア分野など、本市のものづくり企業との親和性が高い。イスラエル側も浜松市の特徴を把握していて、自動車産業などのものづくり企業が集積していることに対し高い関心を示していただいています。コロナが収束すれば、すぐにイスラエルへミッション団を派遣する予定です。今後イスラエル以外にも、グローバルスタートアップとの連携を積極的に推進していきたいと考えています。

以上、浜松市のスタートアップ施策の一端をご紹介しましたが、浜松市同様「セントラルジャパン」の拠点都市である名古屋市との連携も始まりました。名古屋市とともに、愛知・浜松地域を世界に誇るスタートアップの集積地へと発展させていきたいと考えています。

科学のまち、つくばの使命

つくば市長　五十嵐立青

つくばのポテンシャル

つくば市には約150の研究機関と約2万人の研究従事者が集まっており、世界に大きなインパクトを与えうる研究シーズや高度な人材が狭いエリアに集積しているこれほどの都市は、国内外を見ても数えるほどしかないと海外投資家からも評されています。

例えば、筑波大学は長年のアントレプレナーシップ教育の積み重ねにより、最新の2020年度のデータによると、東京大学、京都大学、大阪大学に次ぐ大学発ベンチャーを創出しています。国立研究開発法人では産業技術総合研究所（AIST）がこれまで150社の技術移転ベンチャーを輩出しているほか、物質・材料研究機構（NIMS）、農業・食品産業技術総合研究機構（NARO）、宇宙航空研究開発機構（JAXA）などもスタートアップに力を入れています。

こうした状況が評価され、2017年に野村総合研究所が発表した「国内100都市の成長可能性都市ランキング」において、つくば市はポテンシャルランキング3位、「起業スピリッツがありスモールビジネスに適している」ランキングでは東京23区に次いで2位と、つくばエリアへのスタートアップの期待はますます膨らんでいます。

「ディープテック」とつくば市スタートアップ戦略

大学や研究機関で多くの時間をかけて研究開発が重ねられた技術や成果は、多くの社会課題を解決する力を持つもので、このような技術は「ディープテック」と呼ばれています。J-Startupに選定されている筑波大発ベンチャー「CYBERDYNE」はよく知られているところですが、炭素ナノ材料分野のNIMS発ベンチャー「マテリアルイノベーションつくば」、宇宙人工衛星分野の筑波大発ベンチャー「ワープスペース」、健康医療分野の筑波大発ベンチャー「PLIMES」など、多様なディープテック・スタートアップがつくばから出てきています。

これらのようなディープテック・スタートアップを、ランダムで単発ではなく、次々とつくばで創出していくために、私が市長に就任してからつくばのスタートアップ・エコシステム構築を市の主要施策に位置づけました。ディープテックは、いわゆるアプリ系スタートアップとは異なり、製品開発や顧客獲得に要する期間が長くなる傾向にあるためリスクマネーは入り難くなります。一方で、ディープテック・スタートアップは人口構造、エネルギー、食糧などの世界的な課題解決が期待され、生活の利便性を大きく変えられるポテンシャルを持っており、成功した際の経済的・社会的インパクトも非常に大きくなります。そこで、こうした企業を自治体として持続的に支援する体制・環境を整備するため、市役所での専門人材の採用や「つくば市スタートアップ戦略」の策定、インキュベーション施設である「つくばスタートアップパーク」の設置などを、スピード感を持って実施してきました。

また、2019年にはつくば市の姉妹都市であり、特にバイオ系で世界トップのエコシステムと言われる米国ケンブリッジ市ケンドールスクエアに所在する、グローバルなスタートアップ拠点「ケンブリッジイノベーションセンター（CIC）」とのMOUを締結し、スタートアップ推進に向けたパートナーシップの強化を図り、市内スタートアップの海外展開や米国のスタートアップの誘致を進めています。

Society 5.0を実現するまち

ディープテック・スタートアップを成長させるには、企業のプロトタイプをいかにしてスムーズに実際のフィールドで実証実験し、検証・改善した上で社会実装させられるかがカギとなります。自動運転電動車いすの公道走行、マイナンバーカードとブロックチェーンを組み合わせたインターネット投票など、つくば市はこれまで日本初となる取り組みを率先して進めてきました。現在も多くの企業から「つくば市で日本初の取り組みをつくりたい」というお話をいただきます。また、筑波研究学園都市という土壌もあり、新しい取り組みに対して前向きに理解してくださる市民が多いことも好材料です。これまでの取り組みによって得られたノウハウやネットワーク、市民のテクノロジーに対する受容性が、それぞれ高いレベルで統合されていることをもって、私はつくば市が日本で最も社会実装に適しているまちだと確信しています。

そして、こうした尖った取り組みを、社会課題の解決のために幅広い分野で一気通貫で実施していくため、つくば市ではスマートシティ化を強力に推進しています。行政、移動、物流、医療・介護、防犯・防災・インフラといった分野の先端的サービスを市民に提供し、誰もが安全、便利で快適に暮らせる、持続可能な市民中心のまちを目指しています。他方、こうしたサービスを安定的かつ高水準で提供するためには、個人データの取得や共有、連携等が必要になりますが、個人データのセキュリティ確保やシステムの安全性・透明性の担保などに対する市民の懸念を和らげるとともに、地域に先端技術を実装していく際の中心は常に市民であることを示すため、つくば市では、市として守るべき「スマートシティ倫理原則」を制定し、決して技術本位にならないよう注意しています。

つくばが我が国のスタートアップ・エコシステムのエンジンとなるために

このように、市としては着実にスタートアップの成長を支援してきていますが、持続的なスタートアップ創出には、自治体だけでなく大学・研究機関・金融機関等が有機的に繋がり補完し合う体制を構築することが重要であると考えています。そこで、２０２０年2月に茨城県、つくば市、筑波大学、ＡＩＳＴ、ＮＩＭＳ、ＮＡＲＯ、ＪＡＸＡ、つくばグローバル・イノベーション推進機構が中心となって「つくばスタートアップ・エコシステム・コンソーシアム」を設立しました。ここでは、単に情報共有やお互いの短期的なスタートアップ支援施策の連携をするのではなく、20年後、30年後の世界を見据えて、研究機関の技術シーズをどのように事業化し成長させていくかを検討しています。これこそが、当市も参画している「グローバル拠点都市　東京コンソーシアム」において、つくばが存在を発揮できることとです。

つくばの使命は「人類に貢献すること」です。市長として「世界の明日が見えるまち」というビジョンを掲げ、国が約2・6兆円も投じてつくってきた筑波研究学園都市を、つくばに数多く眠っているディープテックの花芽を開花させることによって発展させていくことが、私の役割です。内閣府科学技術・イノベーション推進事務局のご指導のもと、つくば市政策イノベーション部スタートアップ推進室の職員たちとともに、Society 5.0の実現のために全力を尽くしていきます。

北の大地から始まる戦略

札幌市経済観光局産業振興部IT・イノベーション課　阿部正明

「第1次産業から宇宙産業まで国内に類を見ない充実した実証フィールド」「都市と自然が融和した人材を惹きつける〝北海道型ライフスタイル〟環境」「開拓精神から育まれた〝新たな価値観〟の実践ができる地域」――札幌・北海道は、地域のスタートアップ環境の特徴であるこの3点を明確に打ち出し、「Startup Frontier HOKKAIDO」として、内閣府のスタートアップ・エコシステム拠点形成戦略への参画を名乗り出ました。

札幌・北海道のスタートアップ・エコシステムの形成は、1970年代後半のマイコン普及期からインターネット黎明期を経て2000年頃まで、北海道大学の研究会や札幌テクノパークの造成、民間コミュニティの活発化により、多くのITベンチャーが誕生し、「サッポロバレー」として注目を浴びた頃まで遡ります。

今や札幌のＩＴ産業は、全国都市5番目の事業所数を誇る地域の基幹産業として根付き、着実な成長を続けており、札幌・北海道はスタートアップを生み出し、育成支援していくことの重要さを身をもって体験している地域のひとつだと考えます。

スタートアップの動きが再燃したのは、２０１６年。若手経営者が中心となって地域の産官学のオール北海道体制をつくり、クリエイティブなアイデアと技術で、今よりもっと良い社会を考え・行動する人のためのベースキャンプとして、未来志向の人や技術・情報が行き交い、結合する場を目指す「NoMaps」が始動しました。「NoMaps」は、創業支援や新産業の創造、投資の促進などもミッションとし、まさにスタートアップが誕生し発展できるステージとなっています。

さらに２０１８年には、日本のアクセラレータープログラムの草分けとなる「Open Network Lab」が札幌・北海道に進出し、「Open Network Lab HOKKAIDO」がスタートし、北海道らしい第1次産業の課題解決や大学のＡＩ技術を活用したサービスなど、3期（２０１８～20）を経た時点で、14社のスタートアップが卒業し、卒業後も資金調達を進めるなど、次のステージに向け成長し続けています。

こうした動きを受け、２０１９年9月、札幌市は、秋元克広市長による、スタートアップシティ宣言を行い、「街に、もっとチャレンジを。街からもっと、イノベーションを。」というコンセプトに産官学が連携し、強力にスタートアップの支援を進める「STARTUP CITY SAPPORO」を始動しました。そして、札幌・北海道におけるスタートアップ支援が盛り上がりを見せる中、内閣府より、スタートアップ・エコシステム推進拠点都市として選定をいただきました。この際、全国視点でいただいた札幌・北海道への期待は、豊かな食・エネルギー資源など、北海道ならではの特性を活かしたスタートアップを数多く生み出していくことです。その達成に向けて掲げた具体的なビジョンは、「何度でもチャレンジできるエコシステム」「研究開発シーズの顕在化支援」「経営人材の発掘・誘致」「アイデアが試しやすい街の実現」「活発な社会実装とオープンイノベーションの推進」「グローバルな人材が揃う街の実現」「Aguri/Food/Green-Techの成長支援」「宇宙スタートアップが活躍できるメニューの整備」「ステージに応じた豊富な資金メニューの整備」「民間サポーターの充実」です。

今、内閣府のスタートアップ・エコシステム拠点形成戦略により、札幌・北海道におけるスタートアップ支援の動きが一層加速しています。その動きの中で特に注目していただきたいのが、「J-Startup HOKKAIDO」です。第1次産業・バイオ・ライフサイエンス・航空宇宙など、札幌・北海道らしい特色を備えたスタートアップ（2021年5月時点で25社）を選抜し、飛躍的な成長ができるよう支援を進めていきます。

他にも、道内大学・研究機関をはじめとした産官学のオール北海道の知を結集し、宇宙、農業、デジタルバイオ等の分野で、大学・スタートアップ・大企業等が一体となったオープンイノベーションにより成長産業化を進めるとともに、大学に潜在する成果を掘り起こし、新市場の創出・イノベーションの担い手となる大学発のスタートアップの創出を目指す「チャレンジフィールド北海道」も開始されました。

北海道の大地は広いのですが、スタートアップ支援は、関係機関が密接に繋がることで成果が生まれると考えており、そのハブの役割を、札幌市が事務局となって進める「札幌・北海道スタートアップ・エコシステム推進協議会」が担います。私たちは、札幌・北海道からグローバルなスタートアップが生まれ・成長できるよう、オール北海道体制を構築し、スタートアップとともに挑み続けます。

仙台・東北から世界を変えるソーシャル・イノベーション

仙台市経済局産業政策部産業振興課　白川裕也

仙台市では、東日本大震災からの復興をさらに加速し、多様な働き方を生み出し地域経済活性化の起爆剤となる起業家を応援するため、2013年に「日本一起業しやすいまち」を掲

げ、起業支援環境の構築に取り組んできました。

多様な起業家を生み育てる環境を構築するため、街の魅力や賑わいに繋がる「スモールビジネス」、社会課題の解決に挑む「ソーシャルビジネス」、テクノロジーを基にイノベーションの創出を目指す「スタートアップ」の3つに分け、それぞれに合った独自の支援を産学官金が連携して展開しています。

スタートアップの創出・育成に向けては、産学官金の連携プラットフォームである仙台スタートアップ・エコシステム推進協議会を中心に、東北に集積する大学の研究成果や技術を活用したスタートアップを育成するためのプログラムを実施しています。

東北全域を対象にした広域アクセラレーションプログラム「東北グロースアクセラレーター」や、大学の研究成果等の最先端のテクノロジーを活用して、SDGsの達成に資する事業アイデアを形にするためのプログラム「SENDAI NEW PUBLIC」といった支援プログラムや、起業の裾野を広げ、次世代の起業家人材を育成するため、小中学生・高校生を対象とした起業体験ワークショップや、学生のアイデアを社会実装に繋げる育成プログラム「DA-TE APPs!」、多様な方が集い交流する地方最大級の起業イベント「SENDAI for Startups!」を開催しています。

そしてここ数年の間に、スタートアップの活動を支える様々なコワーキングスペースやインキュベーションスペースが民間主導でオープンしています。

スタートアップの成長を加速させるための海外展開支援のひとつとして、産業振興協定を結ぶフィンランド共和国オウル市と連携し、ピッチイベント「Polar Bear Pitching」を開催。優勝者はオウル市で開催される本戦で海外の投資家へのプレゼンテーションの機会が得られます。

仙台・東北地域のスタートアップ創出の中核である東北大学も、スタートアップ支援の環境構築を加速させています。大野総長の掲げる東北大学ビジョン2030では、東北大学発スタートアップを100社創出することを目指し、東北大学起業部の創設やベンチャーキャピタルの設立などを行っています。さらに2020年10月にスタートアップ・ユニバーシティ宣言を行い、アントレプレナー・イン・レジデンス制度（住み込み起業家）や学生向けアクセラファンドの創設、同窓会組織と連携したスタートアップ・アルムナイ（同窓会起業家クラブ）の組織化など、大学の研究成果を活用したスタートアップ創出に向けた支援が充実してきています。

さらに、地域の大企業や中堅企業と連携したオープンイノベーションのプログラムも立ち上がり、顧客ニーズに合った製品開発を行うための実証環境やメンタリングの環境、マッチングの場が徐々に整いつつあります。

東日本大震災をきっかけとして盛り上がってきた仙台のスタートアップ・エコシステムです

が、まだまだ発展途上ではあります。産学官金の連携を支援プログラムレベルでより強固なものとする必要がありますし、ベンチャーキャピタルといったリスクマネー供給体制も先進都市に比べると十分ではありません。また、事業化や成長にあたって必要な人材が地域内では十分に確保できないという状況もあります。

今後は、スタートアップ・エコシステム拠点都市の選定を弾みとして、スタートアップが成長するために必要不可欠なヒト・モノ・カネ・情報の流通をさらに促すような支援施策を、地域内外の産学官金の皆さんの連携によって展開していく必要があると考えています。さらに、スタートアップが成長していくためには、地域を超えて支援のネットワークが繋がるような都市間連携の強化が必要だと感じています。

このような取り組みを通して仙台市が目指すのは、「ソーシャル・イノベーターの聖地―Capital of Social Innovation―」の実現です。課題先進地と呼ばれる東北から、事業性に加え、地域や社会の課題を解決する社会性を持ったスタートアップを次々に生み出していくことです。

東日本大震災から10年。これまで仙台市をはじめ東北地域は様々な方からたくさんの支援をいただいてきました。復興はまだ道半ばのところもありますが、これからの10年は、課題が山積する東北地域において、フィールドに生まれる先進的なビジネスモデルを、同じような課題を抱える国内外の他の地域へ展開していき、課題の解決をともに実現することで恩返しができればと考えています。

東日本大震災をきっかけとして芽吹いた仙台・東北地域のスタートアップ・エコシステムは、多様な起業家を育む豊かな森へと成長を続けています。

名古屋スタートアップ新時代の幕開け

なごのキャンパス 企画運営プロデューサー／株式会社ＬＥＯ 代表取締役 **粟生万琴**

名古屋駅から徒歩10分ほどの好立地にある１００年続いた小学校は少子化により廃校になりましたが、それをリノベーションしてできたスタートアップが入居するインキュベーション施設「なごのキャンパス」のプロデューサーをしている粟生万琴です。

私自身は、事業会社のイントレプレナーとして新規事業に従事した後、ＡＩのスタートアップ創業を経て、なごのキャンパスのオープンに合わせて地元東海地区にＵターンで戻ってきました。

ベンチャー不毛の地、「名古屋飛ばし」などと言われていた以前とは大きく変化し、１００

年に一度の産業転換期を迎え、なごのキャンパスもお陰様で旧教室のオフィスは満室となっています。

特に2020年、この地域のスタートアップ元年と呼ばれた昨年は、愛知・名古屋及び浜松地域が「スタートアップ・エコシステム グローバル拠点都市」に選定され、世界に伍する日本型のスタートアップ・エコシステム拠点の形成を目指し、地方自治体、大学、民間組織等が一体となり取り組みが強化されました。

「J-Startup Central」も20社選定されたことにより、スタートアップに対する政府、民間からのバックアップ、投資家が招致されるなど資金面でのバックアップに加え、サポート体制が強化されます。この地域で活動するスタートアップにとってはとても喜ばしいことです。

これまで「スタートアップ不毛の地、トヨタ自動車をはじめとした大企業があるから、誰も起業なんてしないでしょ」と言われたのはもう過去の話です。産業転換期の今だからこそ未来を見据えた起業家たちが志を持ち、名古屋大学・名古屋工業大学をはじめとしたTongaliプロジェクトの現役大学・大学院生、卒業生が起業しています。またイントレプレナーと呼ばれる大企業に勤務しながら有志活動を通じ兼業・副業起業する方も増えつつあり、三英傑を生んだこの地、東海地区有数の製造業が創業したこの地で未来の産業を創造する起業家が増えて盛り上がっているこの地域は、先人のDNAを継承し新産業が生み出される面白い時代に突入しました。歴史に学び新しい時代はもう始まっています。

一方で、研究開発型大学発スタートアップ以外の、他大学では学校ごとにアントレプレナー教育のばらつきもあり、課題となっております。グローバルリーダーの育成と合わせて、ダイバーシティの観点で今後は女子学生、留学生のスタートアップ支援強化が必須です。

微力ながら、女性起業家としてこれまでの経験、そしてZ世代とともに学び次世代事業、新産業創出の一助を担うべく、名古屋大学産学官連携客員教授として進路選択前の高校生、中学生向けのアントレプレナー教育にも尽力したいです。

※参考情報URL（https://nagoya-potential.jp/interview/008/）

協働で創出するイノベーション都市「神戸」

神戸市医療・新産業本部新産業部新産業課 課長　武田　卓

港町である神戸は、食やファッションでも多くの流行をつくってきた都市ですが、人口減少社会・東京一極集中の中、若者の流出や経済の活性化の課題を抱えています。この課題を解決するべく、2013年に就任した久元喜造市長のもと、「スタートアップの創出・育成・集積」

に取り組んできました。

その代表的なプロジェクトが2016年にスタートした「500 KOBE ACCELERATOR」であり、シリコンバレーを中心に世界的に活動するアクセラレーターである500 Startupsと連携し、神戸発のイノベーション創出を目指すアクセラレーションプログラムを実施する取り組みです。過去5年間のプログラムでは国内外から1000社以上の応募があり、参加した88社は累計で120億円を超える資金調達に成功しており、スタートアップの育成プログラムとして成果があったと考えています。

また、2017年からは、神戸市独自に「Urban Innovation KOBE」という地域・行政の課題をスタートアップのテクノロジーで解決する取り組みを行っています。

この取り組みは柔軟な発想や優れた技術力を持つスタートアップと、社会・地域課題を詳しく知る行政職員が協働して最適な解決手法を見出し、サービスとして構築・実証までを目指すことを支援する、日本で初めての取り組みです。

これまでの応募企業総数は約200社で、課題解決率は約84%、継続利用率は54%となっており、技術導入や採択企業が実際に神戸市に拠点を構えるなどの成果も上がっており、さらに同様の取り組みが他都市にも広がっています。

このような土台も活かし、2020年4月からは、新型コロナウイルス感染症拡大に伴い、市民生活及び市役所内の業務において新たな課題の解決を目指し、全国のスタートアップから新型コロナウイルス対策となり得るテクノロジーや提案募集に先駆けて取り組み、183社の応募をいただきました。

これらの代表的なプログラムの成果もあり、2020年7月には、竹本前大臣のもとスタートアップ・エコシステムの「グローバル拠点都市」に京阪神で選定いただきました。

5年近くの活動で「神戸市は世界的なベンチャーキャピタルとも協業してスタートアップを支援する自治体である」というプレゼンスを高めるとともに、多くの起業家や支援者と対話することで、他の自治体にはない人材育成や事業化のノウハウを得られるなど、数多くの成果を残すことができたと考えています。

一方で、実際にプロジェクトや事業を進めていくと、神戸市にまだ足りない部分や課題が見えてきました。スタートアップの支援数やグローバルの支援、起業家・エンジニアの創出、資金面での課題などです。

さらなる進化を遂げるため、神戸はこれまでの取り組みを次のステージに上げるフェーズにあり、すでに新しい取り組みが始まっています。

グローバルの支援としては、SDGsを先導する国連の機関であるUNOPS（国連プロジェクトサービス機関）が世界の社会課題解決に対応するべく、先端技術を持ったスタートアップ企業を育成するためのインキュベーション拠点を、２０２０年11月にアジア初の拠点として神戸に開設しました。この第一弾プロジェクトとして、ソニー株式会社と気候変動をテーマにスタートアップの募集を行いました。その結果、98カ国から６２４件の応募があり、最終的に拠点に入居する６社が選ばれました。ＵＮＯＰＳから世界へ羽ばたくチャンスがあるので、この環境を活かして大学生やスタートアップにぜひチャレンジしてほしいと思っています。

また、スタートアップの創出及び事業成長の加速を目的とし、神戸市が選定したコミュニティマネージャーが中心となり、シリコンバレーや国内で著名な起業家や支援者などの方々をグローバル・メンターとして選定し、スタートアップに年間を通じたメンターシップを提供する「Global Mentorship Program（仮称）」、スタートアップのための専用ＷＥＢサイト「KOBE Startup Hub（仮称）」を２０２１年度からスタートします。

さらに資金面でのサポートとして、２０２１年3月には兵庫県や民間企業等と連携し、シード・アーリーを対象とした飛躍的な成長が見込まれるスタートアップへの投資を行う「ひょうご神戸スタートアップファンド」を設立するとともに、業界の垣根を越えてイノベーションを創出し起業家を生む場として、中心街である三宮に、産学官連携を基盤とした実践的なプログラムを提供する「ANCHOR KOBE（アンカー神戸）」を開設しました。

神戸市には、オープンマインドの姿勢で新しい文化や技術を積極的に取り入れ、国際都市をつくりあげてきた歴史があります。

「神戸に行ったら何かが起こる、新しいことができる」と多くの方に思っていただける神戸市の未来を、これからもスタートアップ施策により築いていきたいと強く思っており、内閣府をはじめとした国のご支援や京阪神はもちろん他のエコシステム拠点都市と連携し、日本のスタートアップ業界を盛り上げていきたいです。

広島から世界へ——ソーシャル・スタートアップの挑戦

広島大学学術・社会連携室産学連携推進部スタートアップ推進部門 准教授 牧野恵美

瀬戸内海に浮かぶ大崎下島。広島と愛媛に挟まれた小さな離島で、広島のスタートアップ・エコシステムの可能性を示唆するムーブメントが芽生えています。島民の医療を長年支えた梶原医院は、活動家が集うコワーキングスペースとして生まれ変わり、周辺には学生などの短期滞在者の宿泊先も、地域住民の協力で複数用意されました。
多様な価値観を受容する、インクルーシブな社会の実現に向け、行動を起こす人たちが、全国からここに次々と集まっています。若い人だけではありません。日本の高度経済成長とその

崩壊を生き抜いてきた、東京のベテランビジネスマン。久比で生まれ進学のため島を出て、約40年ぶりに地元に戻りレモンの有機栽培を手掛ける元技術者。最近は、島での活動に関わりたくて、数日だけ訪れる現役サラリーマンも増えています。

彼らは紛れもなくアントレプレナーです。不確実な状況を逆手に取り、小さな失敗を繰り返しながら学び続け、コントロールできる資源を駆使し、行動することで変化をもたらし、仲間を増やして理想とする社会を自分たちで紡ごうとしています。起業家の研究で明らかになった、熟達起業家のロジックを日々実践しているのです。

しかし、ミカンの缶詰発祥の地と言われ、港町としても栄えた大崎下島の現状は、想像を超えていました。呉市は若年層の人口流出が県内で最も激しいエリアのひとつ。中でも大崎下島の高齢化率は突出しており、市平均の2倍の70%に上ります。国勢調査速報値では、島の人口は2020年現在2700人。5年で2割も減っています。このままでは〝消える農山村〟の典型例になりかねません。

そんな課題先進地域の最前線に立っているのが、呉市出身の社会起業家、三宅紘一郎氏です。2014年、三宅氏は日本初のソーシャル系アクセラレータープログラムの1期生として選ばれました。MistletoeとETICの創業者、孫泰蔵氏と宮城治男氏が共同でつくった東京のプログラムです。Mistletoeは技術で人間中心の持続可能な未来を創造することを目指し、出資、研究開発などを行っています。一方、ETIC社会起業家育成事業の先駆けとして有名です。

三宅氏は翌年、久比の対岸にある人口30人の三角島で日本酒のベンチャー、ナオライを立ち上げました。三宅氏自身酒はあまり飲めないのですが、親族には酒蔵関係者が多く、子どもの頃から日本酒に慣れ親しんできました。広島県は日本有数の日本酒の産地。広島大学のメインキャンパスがある西条は、日本三大酒処のひとつです。

究極の日本酒ブランドを自分で築きたい。三角島で育てた有機栽培のレモンからつくるスパークリング酒を皮切りに、まるで透明なウイスキーのような新ジャンルの「浄酎-Purified Spirit」を発売。焼酎とはまったく違う独自の低温蒸留技術で、日本酒ベースの蒸留酒を実現。日本酒の「時間が経つと劣化する」という弱みを克服し、海外展開をしやすくする狙いもあります。小ロット生産のため、主にクラウドファンディングによる消費者への直販モデルを採用。日本酒とレモンでつくった最新作「琥珀浄酎」は1カ月半で684名が支援し、支援額840万円を達成しました。

ナオライには物語があります。ホームページによると「地域が持つ力を引き出し、美点凝視の姿勢でその価値を再定義」しようとしています。「古来より続く、人と自然が共存する『醸された世界』こそ、日本酒業界が未来に引き継ぐことの価値ではないか」と三宅氏は考えています。日本酒という〝メディア〟を介して紡ぎ出されたストーリーで、人々の心が共鳴し、支援者の輪が広がっているのです。

三宅氏の起業をきっかけに、大崎下島はソーシャル・スタートアップの開拓地に変貌しつつあります。Mistletoeで介護事業を模索していた更科安春氏が久比に魅せられ、東京から島に通い始めたのです。定年後、地元に戻りレモン農家を営む梶岡秀氏を含めたこの3人を中心に、まめなという社団法人を2019年に発足しました。共同創業者として孫泰蔵氏も名を連ねます。

2020年の夏、広島大学から3人の学生がインターンとしてやってきました。英語で学ぶ、国際共創学科(IGS)の3年生です。久比で寝泊まりしながら自分なりの地域活動を展開し、伴走する地域住民に叱咤激励され、挫折し行き詰まりながらもそれぞれがやりたいことを少しずつ形にしていきました。

IGSではインターンシップが必修のため、今後も広島大学から学生が定期的に久比に派遣される可能性が高いのです。学生がスポンジのようにいろいろと吸収し成長する姿を見て、伴走者の心も動きます。双方向の関係性が築かれ、インターン終了後も島で活動を続ける学生もいます。起業家予備軍が編成され、徐々にではありますが、ソーシャル・スタートアップの生態系が育まれているのです。

世界を変えるには、起業家自身のウェルビーイング（幸せ）も重要です。東京のスタートアップブームの裏では、過酷な働き方につぶされてしまう学生が少なからずいます。心が折れて、休学を余儀なくされる学生を実際に見てきました。スタートアップと言えば、技術革新による急成長型ベンチャーをイメージしがちですが、自分の価値観を重視したライフスタイル型や、緩やかに安定した成長を遂げるマネージド・グロース型もあります。

海外では急成長型のユニコーンに対して、最近はゼブラ（シマウマ）企業が注目を集めています。伝説の生き物と違い、ゼブラは実在する動物です。黒くもあり白くもある、つまり、利益と社会の改善双方をリアルに求める意味が込められています。日本でも里山資本主義、共感資本社会、ローカル・ベンチャーなど、成長至上主義に対抗する概念や言葉が増えています。小田切徳美氏が著書『農山村は消滅しない』で指摘しているとおり、社会のあり方を問い、田園に向かう若者の動きとも合流し、農山村は少子高齢化の難問を突破しつつあります。この動きが特に顕著なのが、中国・四国地方だそうです。

広島がユニコーンを創出するエコシステムの形成を目指すとしたら、課題があまりにも多い。一方、広島が大切にする豊かな自然との共生、平和の希求、郷土愛などは、ソーシャル・エンタプライズでこそ活かされます。ＳＤＧｓ達成に向けて、そこかしこで起きている挑戦者たちのムーブメントが、やがて勢いづいて世界を変える日は、そう遠くないかもしれません。

京都をベンチャーの都へ

株式会社Monozukuri Ventures 代表取締役CEO　牧野成将

スタートアップを中心に大学、金融機関、中小企業、大企業等が有機的に連携しながら新産業を育もうとする信念が日本とは大きく異なる――世界で最もイノベーティブな地域と言われるシリコンバレーを２００７年に訪れた際、私は日米の差を痛感しました。

学生時代に専攻したアントレプレナーシップに可能性を感じ、日本経済を活気づかせるにはスタートアップ育成が鍵になると信じるようになり、２００５年、スタートアップのエコシステム構築を自身の使命として、私は京都でベンチャーキャピタリストとしてのキャリアをスタートしました。

しかし、この業界を知れば知るほど、10年、20年と腰を据えて取り組む重要性を実感しました。同時にそのエコシステムは世界に波及しており、国を超えた連携が重要になることを感じるようになりました。そのためにはシリコンバレーやニューヨークから必要とされるエコシステムになれるかが鍵になります。

そんなことを考えていた折に、シリコンバレーのスタートアップがひとつのヒントをくれました。それが「量産化試作」です。２０１０年頃からＩｏＴのスタートアップがアメリカで急増していましたが、量産化に苦労しています。そんな彼らが日本の「試作力」に興味を持っていることがわかりました。京都はもともとモノづくりに長けた地域であり、そのひとつに京都の中小試作企業が連携しながら試作をサポートする「京都試作ネット」がありました。京都の「試作力」で世界中のハードウェア・スタートアップをサポートするエコシステムを構築したい、そんな想いから２０１５年に株式会社Monozukuri Venturesは誕生しました。これまで日米のハードウェア・スタートアップに対して１１０件以上の試作・量産化を支援し、日米のスタートアップ35社に投資しています。

一方、京都のスタートアップという観点では、近年の京都の開業率は低下し、新規上場企業数も大阪や兵庫の後塵を拝している状況でした。かつては「ベンチャーの都」と言われ、世界で活躍するベンチャーが数多く生まれた時代もありましたが、経営人材や初期資金の不足などスタートアップを生み出すエコシステムという部分では不十分でした。

そんな中、内閣府の「スタートアップ・エコシステム推進拠点都市」への採択を契機に、再びスタートアップを生み出す機運は高まっています。京都のスタートアップの特長は、京都大学をはじめ高度な研究機関や学生を中心に研究開発型のスタートアップが多いこと。こうしたスタートアップを支援するためには支援者側にも長期的な視野と強い信念が必要となります。

現在、京都全体が再び「京都をベンチャーの都へ」との想いに共鳴して動き始めています。２０１９年には京都経済百年の計として、京都府・京都市・産業界のオール京都体制で「京都経済センター」がオープン。２０２０年には行政、経済団体、産業支援機関、大学、金融機関等が一体となり、オール京都で起業家を生み育てる環境を整備するために「京都スタートアップ・エコシステム推進協議会」が発足しました。

京都のスタートアップ・エコシステム構築に向けて着実に進み始めており、２０１９年には京都大学の大学発スタートアップの増加数は国内大学で首位となりました。また数十億円を調達するようなスタートアップも出始めています。これからの京都のスタートアップ・エコシステムには大いに期待したいと思います。

２０２０年、世界では新型コロナウイルス感染症が蔓延して世界経済に大きなインパクトを与えました。コロナ禍により働き方や生活スタイルが変わり、さまざまなマイナス面も見られますが、スタートアップにとってはむしろビジネスチャンスとなっています。実際に米中ではコロナ禍で10％強とスタートアップへの投資額が増えており、新しいサービスが普及し始めています。

翻って日本はどうでしょうか？　経済の先行きの不透明さが増してしまったことも影響して

か、日本の投資額は前年比約32％減（ベンチャーエンタープライズセンター調べ）となってしまいました。複雑化する社会において、スタートアップが果たす役割はより大きくなっていますが、経済危機に対する投資マインドの違いが、日米で大きく反映された結果となってしまいました。このコロナ禍での各地域や企業の姿勢が今後の地域経済の成長に非常に重要な影響を及ぼすことでしょう。

千年の都である京都は本当に価値あるものを見極め、そして長く続けることに重きを置いてきました。京都の行政や企業はスタートアップの果たすべき役割や価値に気づき始めており、我々のような支援者側も強い信念を持って、エコシステムの構築に取り組んでいます。京都には世界にはない歴史や文化を有している。こうしたこれまで京都が築いてきた財産をベースにスタートアップ・エコシステムの構築に取り組み、新しい京都の歴史を紡いでいきたいと考えています。

ペイフォワードで関西スタートアップの成長に

株式会社i-plug 代表取締役CEO
中野智哉

この10年で関西のスタートアップ・エコシステムは大きな変貌を遂げ、多くの起業家たちが活躍する地域になってきています。２０２０年のＩＰＯ件数は全国で93社。関西エリアは15社（前年86社中７社）と関西の比率が高まってきています。２０２０年に「世界に伍するスタートアップ・エコシステム拠点形成戦略」の「グローバル拠点都市」として選定され、２０２５年には大阪・関西万博を開催、そしてその先の経済発展とともに大きく躍進していくと感じています。

私が大阪の西中島エリアにある11坪の小さなオフィスで株式会社i-plugを設立したのは、２０１２年のことでした。主軸となる事業は新卒ダイレクトリクルーティングサービス「OfferBox」です。今では大学生15万人、企業８１００社（２０２１年３月末実績）が利用しています。今年２０２１年３月18日には、東証マザーズに上場しました。私個人の活動としてもスタートアップの支援をしていまして、スタートアップコミュニティである一般社団法人にしなかバレーの代表理事、秀吉会の代表理事、行政関連では公益財団法人大阪産業局の理事や近畿経済産業局の関西ベンチャーサポーターズ会議のメンバーにも就任しております。

１３０２社のスタートアップが存在する関西エリア。この数は、関東エリアに次ぐ規模です。大阪府６１４社、京都府３０６社、兵庫県１８７社、滋賀県54社、奈良県54社、福井県37社、和歌山県36社、他14社と多くの起業家たちが日々切磋琢磨しています。

スタートアップに必要な環境は「ヒト・モノ・カネ・情報」と言われます。まだ課題はあるものの環境はかなり恵まれてきていると感じています。「ヒト」という観点で考えると、京阪神には多くの大学が存在し、多様な人材が育っています。ビジネス職・専門職のどちらも関東エリアと比較しても採用しやすい状況です。関東エリアのスタートアップが採用のために拠点を京阪神に展開する事例も出てきています。課題はC×O（Chief × Officer）人材。IPOを経験したCFOやCTOの数は不足していますが、近年関東エリアからのUターン採用が増加しつつあります。

続いて「モノ」を考えます。テストフェーズでは企業協力、産学連携や行政支援も豊富。導入フェーズでは初期モニターを探す難易度はやや高いですが、関西経済同友会や関西経済連合会の協力もあり大手企業の協力体制も強化されてきております。成長フェーズでは関東エリアへの営業進出で飛躍的に拡大しています。

「カネ」の特徴は、デットファイナンスの充実が挙げられます。メガバンクも地銀も積極的に支援しており全国でもトップクラスの環境です。エクイティファイナンスは10億円規模の調達が徐々に出てきています。エンジェル投資家の増加につれて若手の支援も加速してきました。課題はシード期からリードインベスターであり続けるVCが存在していない点。多くのスタートアップは関東エリアのVCをリードにして調達しています。エコシステムの成長により解決する可能性はあるものの、まだ時間はかかるでしょう。

最後に、「情報」についてお話しします。情報収集面は充実してきています。最先端の情報は大学や関東エリアなどから取得可能です。起業家同士のネットワークも強固になっており、経営者の視座を上げる刺激がたくさんあります。一方、PRによる情報発信は課題があります。主要メディアは東京に集中しており、全国へのPRは難度の高い状況が続いているのです。

ヒト・モノ・カネ・情報より重要なものは「互いを刺激し合う起業家同士の強固なネットワーク」です。ここ数年でIPOした株式会社スマレジ、Chatwork株式会社、クックビズ株式会社、株式会社リグア、そして急成長中のakippa株式会社、株式会社大都、夢見る株式会社、株式会社レスタス、BABY JOB株式会社、株式会社ネットオン。約10年前にサービスリリースした仲間たちです。何もない、誰も知らないスタートアップが集まり、設立時期も年齢も資金も環境も横並びの状態で、互いを刺激し合う同士となりました。起業家は負けず嫌いが多く、互いにライバルとして切磋琢磨を続けています。

関西起業家ネットワークには独特の文化があります。それは「ペイフォワード」、〝一杯の水を持ち寄る〟ことです。私はシナジーマーケティングの取締役会長の谷井氏に教わりました。互いの経験を持ち寄り、混ぜ合わせることで大きい新たな経験になり、自分自身も成長できるという意味です。一般社団法人日本スタートアップ支援協会の代表理事の岡氏、株式会社

Human Hub Japan代表取締役の吉川氏など、ネットワークのキーマンである先輩たちから後輩起業家に「一杯の水」が注がれ、私たち世代が次の後輩に「一杯の水」を繫げています。

このペイフォワードの文化が関西スタートアップ・エコシステムを発展させた最大の理由だと思います。この数年で一気に加速したのは、もともと複数あった数十人の小規模の起業家コミュニティを行政支援のBooming!、OSAP、RISING!、LED関西、ぼくらのアトツギベンチャープロジェクトなど様々な取り組みが起業家コミュニティの横連携を加速させ、関西スタートアップ全体の団結力が上がってきています。

その結果生まれたKansai Future Summit。関西らしい「おもろい人間が集まり、おもろい繫がりを創る」をテーマに、「業界初・業界一などおもしろい人たちのネットワーク」の構築を目指したプロジェクトです。関西スタートアップが一同に集まる300名を超える規模で、2019年に誕生しました。運営は、関西スタートアップ有志一同。実行委員会ボードメンバーも運営事務局も現役のスタートアップの社長です。全員が関西を盛り上げるため、ペイフォワードの精神で発足され立ち上がりました。第1回は2019年11月24日に大阪で開催。スタートアップ、大手、銀行、VC、行政など322名が参加。第2回は2020年11月4日に京都で開催。356名が参加し、資金調達や大手との事業提携など様々な繫がりが生まれました。そして2021年は11月に神戸開催。ペイフォワードの精神が中心となり、関西スタートアップのエコシステムが発展してきています。
スタートアップの成長には互いを刺激し合う強固なネットワークが最も重要であり、その盛り上がりが関西に存在しています。ここからの10年はさらに発展していくと感じています。

ワクワクする世界を北九州から

日本環境設計株式会社 会長　岩元美智彦

当社が誕生したのは２００７年。今でこそよく耳にしますが、当時は「ＳＤＧｓ」という言葉が誕生する前、「サステナブル」という言葉ですらまったくと言っていいほど浸透していませんでした。そんな中、循環型社会を目指して、資本金１２００万円を元手に男２人が立ち上げたのがこの会社です。

「あらゆるものを循環させる」というビジョンのもと、まず、服を対象にしたリサイクルの統一化を目指して、着なくなった服をお店で消費者から回収するプラットフォームの事業を立ち上げました。当社の中核事業である服の回収からリサイクル、再生素材を使った洋服の販売までを行うブランド「BRING」の前身となる「FUKU-FUKUプロジェクト」の誕生です。「あなたの服を地球の福に」を合言葉に、「無印良品」を運営する良品計画など6社を迎えてスタートしたこの取り組みは、現在では約150ブランドが参加する規模にまで成長しました。

繊維製品の6割を占めるポリエステルの循環を目指し、ラボでの技術開発を経て、当社初となる自社工場建設に向けた用地の調査がスタートしました。いくつか候補地が挙げられた中で、感触が非常によかったのが北九州市です。実は、リサイクル事業というのは、工場建設を含め事業の開始にあたり周辺住民の理解を得ることがひとつの難関と言われています。ましてや、当社のような創業10年足らずのベンチャー企業が、世界でも数少ない先進技術を導入した工場を建てるわけです。手探りの部分も決して少なくありませんでした。

そんな我々を見かねてか、北九州市のサポート体制は心強いものがあり、会社創業以来のビッグプロジェクトとなる再生ポリエステル工場の建設用地を北九州市に決めました。市からは、当社の環境に配慮した技術を高く評価いただき、全国の数あるエコタウンの中でも、いち早く誕生した北九州エコタウン内に建設。工場は2018年末から本格的な運転をスタートさせ、皆さんが着なくなった服を一部原料に、まったく新しい服づくりを実現させる心臓部として大きな役割を果たしています。

当社は今、繊維リサイクルのトップを走る1社として、国内のみならず海外の大手メディアにも注目をいただく存在にまで成長することができました。しかし、その地位にまで来ることができたのも北九州響灘工場が完成したからにほかなりません。我々のようなスタートアップ企業のビジョンを信じていただいた北九州市には感謝の思いが尽きません。

北九州市では、スタートアップ・エコシステム拠点都市として、スタートアップの支援を強化しており、環境やロボットなどの分野でスタートアップの仲間が増えてきました。地域発、グローバルのスタートアップとして、仲間とともに世界にワクワクする世界を創っていきたいと思います。

第5章

多様なスタートアップの活躍

❶ J-Startup

日本から世界に羽ばたくスタートアップの創出を目指す「J-Startup」プロジェクトが、動き出しています。「日本のスタートアップに次の成長、世界に次の革新をもたらす」がJ-Startupのキャッチフレーズ。グローバルに展開して競争に勝てる潜在力のある企業、世界に新しい価値を提供できる企業を選定し、政府支援や民間の支援を集中して成長促進するプロジェクトです。

従前の政府の施策は、一定の要件を満たす企業を公平にまんべんなく支援するものが多かったのですが、このプロジェクトでは、潜在力のある企業を「特待生」として積極的に支援する方法をとっています。その背景には、世界的に新しい技術領域や事業分野の覇権争いが起こっており、戦いではWinner Takes All（勝者総取り）現象が起こる傾向にあることから、各国政府がその分野で活躍するスタートアップに資金や支援を集中する動きが加速していることがあります。2018年6月の設立イベントに登壇した経済産業省の世耕弘成大臣（当時）はプロジェクトの意図について、次のように語っています。

「日本において、スタートアップによるイノベーションをどう推進するか、これまで議論を重ねる中で、最も多くいただいた意見は、多くの国が官民を挙げてスタートアップ支援に取り組む中、日本も有望なスタートアップにリソースを集中投入する仕組みが必要ではないかという危機感からの声でした。こうした声を受けて、政策を大きく転換し、本日、官民の新たなプログラムJ-Startupを始動します。官民が一丸となってJ-Startup企業の皆様の成長の後押しをすることで、世界をリードするイノベーションを生み出していく。これが、このプログラムの狙いです。皆様から、常識にとらわれないアクションが次々と生まれることを期待します」

J-Startup企業に対しては、様々な政府の支援や民間サポーターの支援が提供されて、ビジネスの新展開を応援しています。例えば、政府系ファンドの資金供給の紹介や規制緩和の調整、アメリカで開催されるCESやSXSWなどの世界的な大規模展示会への出展支援などです。また、政府要人の海外ミッションへの同行や、海外政府との交渉の助力なども実施されています。日本のスタートアップを代表するブランドとしての海外発信も推進されています。

この政策で重要なのは、いかに潜在力のあるスタートアップを見つけ出すかです。では、どのようにして集中支援するJ-Startup企業を選ぶのでしょうか。

ポイントは、民間の目利き力の活用です。政府の役人が目利きをして、成長するスタートアップの選定をすることには無理があります。政府は一定の選定ガイドライン（事業領域、評価ポイントなど）を示して、実際の目利きは民間のキーパーソンに任せています。具体的には、ベンチャーキャピタル、アクセラレーター、エンジェル投資家、大企業イノベーション担当、民間支援機関の代表等、日本のスタートアップのエコシステムで実際に活躍する方々を推薦委員とし、有力企業を推薦してもらい、その結果を集計してJ-Startupを選んでいます。

J-Startup選定企業は次の一覧表の138社。今後の活躍が期待されています。

2020年からは、J-Startupプログラムを地域に展開し、スタートアップ・エコシステムの構築に積極的な自治体と経済産業省が連携して、J-Startup地域プログラムが始まっています。

J-Startup HOKKAIDO、J-Startup TOHOKU、J-Startup Central、J-Startup KANSAIです。J-Startupと同様に地域のスタートアップ・エコシステムのキープレーヤーが目利きとなり、地域の有力企業を選定しています。選定企業の今後の活躍が期待されます。

❷ソーシャル・スタートアップ

ユニコーンを目指す企業のみがスタートアップではありません。社会課題を解決する、社会インパクトをもたらすスタートアップも重要です。

公的セクターが十分にアプローチできない社会課題の解決を、ビジネスの手法を使って解決

J-Startup選定企業

【AI・制御】
ABEJA、アラヤ、AlpacaJapan、Idein、エイシング、エクサウィザーズ、オルツ、Cogent Labs、シナモン、PKSHA Technology、BizteX、Preferred Networks、LeapMind、アイリス、アジラ、Empath、メドメイン

【IOT・IT】
ArchiTek、Integral Geometry Science、O：(オー)、オプティマインド、カウリス、キュア・アップ、Kotozna、コネクテックジャパン、サスメド、Sansan、スカイディスク、Studio Ousia、スマートドライブ、セーフィー、tsumug、Trigence Semiconductor、トリプル・ダブリュー・ジャパン、ピクシーダストテクノロジーズ、VISITS Technologies、FiNC、Fringe81、ボールウェーブ、Holoeyes、MAMORIO、mediVR、リーズンホワイ、Liquid、ELEMENTS、Luup

【医療・バイオ】
AWAKENS、Alivas、エルピクセル、クオンタムバイオシステムズ、サイフューズ、サイマックス、シンクサイト、ナノエッグ、P・マインド、ひむかAMファーマ、ファーメンステーション、ブレイゾン・セラピューティクス、ペプチドリーム、ムスカ、メガカリオン、メタジェン、メトセラ、ユーグレナ、リバーフィールド、リプロセル、Lily MedTech、レキオ・パワー・テクノロジー、レグセル

【環境・エネルギー】
GRA、チャレナジー、DG TAKANO、日本環境設計、ファームシップ、プランティオ、ルートレック・ネットワークス

【宇宙・航空】
ispace、アクセルスペース、アストロスケール、インフォステラ、ALE、QPS研究所、スペースリンク、ポーラスター・スペース

【サービス】
i-plug、akippa、アソビュー、Inagora、InstaVR、お金のデザイン、キャディ、クラウドワークス、Global Mobility Service、C Channel、JTOWER、Synamon、SmartHR、スマートニュース、すららネット、SORABITO、バイオーム、バカン、ビザスク、ビズリーチ、マネーフォワード、ミラティブ、メルカリ、ユーザベース、ライフイズテック、ラクスル、WAmazing

【製造・マテリアル】
エーアイシルク、エレファンテック、Kyulux、Spiber、Photo electron Soul、FLOSFIA、マイクロ波化学、マテリアル・コンセプト、Luxonus

【モビリティ】
WHILL、ココアモーターズ、ZMP、ティアフォー、テラモーターズ

【ロボティクス】
Kyoto Robotics、GROOVE X、コネクテッドロボティクス、CYBERDYNE、センシンロボティクス、テレイグジスタンス、炎重工、ミューラボ、Mujin、メルティンMMI、ユカイ工学、Rapyuta Robotics、リンクウィズ

するソーシャル・スタートアップ、社会起業家が、近年、若手起業家を中心に注目されています。

環境、安心・安全、高齢化、福祉、教育、女性の活躍、地域起こしなど、従前は公的セクターの領域と思われていた社会課題の解決を、民間のビジネスの手法を使って実現しようという動きです。ソーシャル・スタートアップは、事業の目的として社会課題の解決を掲げつつ、ビジネスとしての採算性を意識して、一定の収益を上げる形で事業を実施します。その収益を事業に再投入することで、社会課題解決の活動が持続可能となります。

「ソーシャル×ビジネス」。つまり、従前の公的セクターと営利企業の二分論と異なり、両者の中間領域の活動です。その背景には、解決すべき社会課題が多様化、複雑化しており、従前のアプローチのみでは十分に対応できなくなっていること、また、人口減に伴う税収減や社会福祉経費の増大で、公的セクターの財政的な制約が深刻になっていることがあります。ソーシャル・スタートアップは行政の制約を補完し、人々の暮らしを助け豊かにする役割を果たすプレーヤーと言えます。「企業と公的セクターは目的が違うので協力できない」というのではなく、ソーシャル・スタートアップを支援しつつ、公的セクターで民間の手法を取り入れる、民間と協働するというアプローチが必要になっています。

この分野にいち早く注目し、積極的に検討を進めている自由民主党の社会的事業に関する特命委員会の第1次提言では次のように述べられています。

《我が国は、今後見込まれる急激な人口減少に伴い数多くの社会的課題を抱える、世界有数の社会的課題先進国である。政治が取り組むべき主要政策課題もまた、地方創生、一億総活躍など多様かつ多岐にわたる。しかしながら、これらの中には、行政だけでは、必ずしも必要なサービスが行き届かない領域がある。

こうした社会的事業の領域に、高い意識を持って課題解決に取り組んでいる民間の事業家は少なくない。その対象範囲は、高齢者ケアや育児支援などの社会福祉サービス事業、中山間地域などの暮らしを支える生活サービス事業、農産品・工芸品などを活用した地域商社事業、賑わいのあるまちづくり事業、人材育成・教育支援事業など、多岐にわたる。行政も高い意義を見出し、支援を行っている例も多い。

しかし、社会的意義の高い事業ほど長期的に継続することが求められる。その結果、自らではその運転資金を調達しきれなくなり、補助金依存体質に陥る例が後を絶たない。このため、「社会性と事業性（収益性）の双方の両立を目指す社会的事業」、「明確なビジネスモデルと堅実な事業ガバナンスによって民間の資金を呼び込める持続可能な社会的事業」の育成を図ることが急務となっている。

社会的事業の主眼は、経済効果の高さではなく、事業がしっかり継続する、その事業の継続可能性にある。しかし、社会性が高ければ高いほど、多様な関係者や地域の合意が必要となり、通常の事業以上に、事業モデルの絞り込みや自立に時間がかかる傾向が強い。この「長い時間軸」を要する社会的事業に、見かけを洗い替えながら半永続的に補助金を給付してしまうのではなく、真に自立できる事業モデルの形成を促すことが必要だ。このため、社会的な事業でありながら、行政による財政的支援からの自立を目指しつつ社会的事業を担う起業家、ソーシャルベンチャーを巡る事業環境整備を進めていくことが求められる》

ソーシャル・スタートアップの例（出所：社会的事業に関する特命委員会第1次提言）

【株式会社R. Project（代表取締役 丹埜倫）】

回転率が低く赤字に悩む公共施設（宿泊・スポーツ施設・文化施設等）を改修し、合宿市場（4000億円の未開拓市場）等と結びつけることで、指定管理料が出て行くだけの施設を、賃貸料の入る施設へと転換。社会的意義とビジネス機会の接続を実現。外国人観光客を地域に送客するための戦略的拠点として、日本橋横山町に旧問屋ビルを再生したホステルを運営するなど、新たな事業にも進出。金融業界での専門的知見を生かして、ベンチャーとして創業したが、公共施設管理を信頼して任せられるまでには大きな苦労。ノウハウ横展開が課題。

【株式会社AsMama(代表取締役CEO 甲田恵子)】

全国600名以上の「認定共助サポーター」を募集・教育し、

- 登録手数料無料でかつ、保険を適用した上で(日本初)
- 顔見知りが子供の送迎・託児を共助する

子育て共助サービスを、公的機関からの補助金に依存せずに、企業からの広報・広告費用を通じた支援を基礎として全国規模で提供。投資関連企業にいたノウハウを生かし、事業運営の機動性を確保するため株式会社として創業したが、周囲の信任と協力を得るまでは苦労の連続。国の助成事業の対象になったのがきっかけとなって好転し、結果的に社会コミュニティ形成と企業の広報と資金を上手に結びつけた新たな事業モデルを創出。

【株式会社坂ノ途中(代表取締役 小野邦彦)】

新規就農者を支援し、環境負荷の低い農業の普及を目指す地域商社。鍵は、高校の化学と生物。しっかりとした知識を持ち、農水省の新規就農者支援制度に支えられた若手農業者をじっくり育成し、そこに単価の高い新たな販路を提供することで、これまで100近くの新規就農者に、結婚と子育ても含めた自立できる農業者としての道を開いた。金融関連の専門知識を生かし、今では、億円単位の資金を市中から調達するなど、自身は補助金に依存しない自立的な事業を展開。ただし、そこまでの「長い時間軸」を乗り越えるプロセスでは、様々な苦労を体験。

【TABLE FOR TWO International（代表理事 小暮真久）】

先進国の学食・社食等で健康志向の食事を提供する際に寄付金を収集、それを原資に途上国で栄養豊富な給食を食糧問題に悩む途上国に提供する仕組み。先進国で健康食一食あたり20円の寄付を集め、途上国の給食1食分を提供することで、「世界的な肥満」と「飢餓」の間の「食の不均衡」の解決を目指す。TOYOTA等大手企業、国会議事堂、官公庁等国内650団体が参加する他、国連関連機関等も参加するなど、今では世界14カ国へと、国境を越えた取り組みに発展。

コラム 起業家を応援するエンジェルとは

起業家が新たに事業を起こす際の課題として「資金調達」を挙げる人が多いことが明らかになっています（「中小企業白書2017年版」）。一般的に起業するときの資金調達は、3F（Founder, Family, Friend）からと言われますが、その次の手段として、成長企業向けにはベンチャーキャピタルの投資があり、安定型のビジネスの場合は銀行の融資があります。そして、それらを補完する道として、事業に共感を持つ人等からのエンジェル投資があります。

エンジェルとは、もともとは演劇等のスポンサーとなってくれる裕福な個人を指していたのですが、転じて新しいビジネスに投資する人のことを指すようになっています。

スティーブ・ジョブズの立ち上げたアップルに投資して経営支援したインテル元幹部のマイク・マークラや、創業したばかりのグーグルに投資したサン・マイクロシステムズの共同創業者アンディ・ベクトルシャイムの話は有名です。設立間もないソニーに出資した作家の野村胡堂もエンジェル投資家と言われています。

エンジェル投資は、企業への出資という形態をとります。「出資」は、資金を提供し、株式を取得する仕組みで、投資家は企業の成長に合わせ配当や株式売却によるキャピタルゲインを獲得します。一方、事業が立ち行かなければ、配当もありませんし、株式売却時にロスが出ます。

起業家の側から見ると出資を受けることで資金を得る見返りに、会社の所有権の一部である株式を提供することになります。銀行融資と異なり返済や利息を支払う必要がないし、通常は担保や個人保証も求められません。しかし、投資家に会社のオーナーになってもらうので、経営に口を出す人が増えることになります。

事業の見通し（事業計画）、株式の持ち分をどうするか（資本政策）、エンジェルが何を期待して投資をするのか、それぞれの人柄など、投資家と起業家の双方で十分に確認する必要があります。

エンジェル投資家として有名な日本IBM名誉相談役の北城恪太郎氏は、「エンジェル投資が盛んになれば、起業家は借り入れではなく資本金として事業資金を得るので、家などを担保にせずとも起業できて、仮に会社が倒産した場合でも再挑戦がしやすくなる。だから挑戦する人が増える。エンジェル投資は、成功した人が次の成功を生み出す好循環をつくる仕組み」と語ります。

❸アトツギベンチャー

中小企業とスタートアップは異なる経営スタイルを持ちます。多くの中小企業は、既存の分野で堅実に経営することが多い一方で、スタートアップは新規の分野でリスクを取って事業拡大を目指します。

しかし、現在、中小企業からスタートアップ的な動きが数多く出始めています。事業承継をきっかけに起こるアトツギベンチャーです。若手の後継者（アトツギ）が事業を引き継ぐタイミングを機に、既存事業から一歩踏み出した新事業を試みたり、既存事業を新しい方法で実施したり、リスクを取って事業拡大を目指す企業群です。これまで第二創業とも言われてきましたが、ここ数年でスタートアップの盛り上がりに刺激を受けた若手後継者が、家業に新しい風を吹き込む思い切った取り組みにチャレンジするケースが増えています。

「会社はアトツギが継ぐのがよいのか、番頭さん的な役員や外の優秀な経営者を連れてくるのがよいのか」という議論はあります。創業者の苦労を知らない後継者の放漫経営で会社の経営が傾くこともあり、創業者とともに歩んできた番頭さんや経営のプロなどの第三者承継がよいのでは、という議論です。

もちろん、アトツギがいない、継がない場合は、事業を存続し伸ばしていくために、第三者による事業承継をどんどん進めるべきです。しかし、後継者がいて、想いがあるアトツギとして継ぐ場合には、成功する確率が高いのではないかと考えています。

実際、上場企業でも、アトツギが事業を承継するファミリービジネスが、そうでない会社を株価のパフォーマンスで大きく上回るというデータもあります。

〈２００８年と２０１７年の株価の対比〉

・TOPIX　128%
・日経225　155%
・ファミリービジネス上場企業　191%（『ファミリービジネス白書』同友館）

もちろん、事業承継はケースバイケースであり、アトツギにしても、それ以外の経営人材にしても適切な経営者が会社を継ぐことが大事で、定型的な答えはないと思いますが、日本において活力ある企業群を形成するためには、アトツギのポテンシャルは大きいと考えられます。

アトツギベンチャーを応援する一般社団法人ベンチャー型事業承継のウェブサイトには次のようにアトツギへの想いが記されています。

> 何もない、ゼロから立ち上げるスタートアップはかっこいい。
> アトツギには、先代から受け継ぐベースがある。
> これは確かにアドバンテイジだ。
> でもゼロから立ち上げたほうがよっぽど楽だと思う日々。
> それでもアトツギには会社を存続させていく使命がある。
> 美学がある。
> あんなこともこんなことも、いっさいがっさい受け入れて、

世の中に必要とされる会社であり続けるために、
そして自分自身の人生にワクワクするために、
家業でイノベーションを起こすんだ。

（出所：一般社団法人ベンチャー型事業承継ＨＰ）

２０２１年2月には、全国各地の中小零細企業の承継予定者（アトツギ）に限定して中小企業庁が開催するピッチイベント「アトツギ甲子園」のファイナルが開催されました。先代が培った有形無形の経営資源を活用した新規事業プランの事業化促進に向け、販路開拓・資金調達・技術開発など、ビジネスパートナーを求めて全国１０１名のエントリーから勝ち上がったファイナリストの発表がなされました。それぞれの想いのこもったプレゼンが披露されました。アトツギの活躍に期待です。

アトツギ甲子園　ファイナリストの声の抜粋（出所：アトツギ甲子園　ウェブサイト）

《私は約50年続く木工所の3代目です。既存事業は大手住宅メーカーの下請けとして、オーダー家具を製作しています。家具Ｄ２ＣブランドSense Of Funを立ち上げ、高付加価値のある製品を企画・開発し、自社のＥＣサイトを通して、直接顧客に販売していきます。下請

け企業から日本を代表するブランドをつくります》〈細田製作所〈家具製造業〉細田真之介氏〉

《江戸時代より伝わる銘菓「臼杵煎餅」を製造し、創業100年を超える老舗「後藤製菓」の次期5代目です。伝統銘菓や100年続く家業を守り継ぐことは当たり前。〝不易流行〟変化を恐れない老舗だからこそできる「有機農業推進」「フードロス削減」「福祉雇用促進」等への挑戦を通し、地元へ恩返しします！》〈後藤製菓〈菓子製造業〉後藤亮馬氏〉

《日本三大秘境の地「椎葉村」でチョウザメを養殖し「平家キャビア」というブランドのキャビアを製造販売しています。私で3代目となる建設業の会社を継承予定で、田舎だからこそできる事業を多くの人に知っていただければと思います》〈鈴木組〈建設業、養殖業、林業〉鈴木宏明氏〉

コラム　小学生起業家が大活躍

起業家の話を聴いたり、起業や会社経営の疑似体験をしたりする起業家教育が、実践的な教育の手法として注目されています。起業家教育は、必ずしも起業家になってもらうための教育ではなく、起業に関する体験を通じて、フロンティアスピリットを身につけてもらうことが主眼です。現在、キャリア教育の一環として、総合的な学習の時間や課外活動で実施されることが多くなってきました。

小学校での起業家教育のモデル校とも言えるのが、青梅市立霞台小学校の「霞カンパニー」。毎年、5年生全員が社員の模擬会社を立ち上げてビジネスを疑似体験します。株式を発行して、ご家族、教員、地域の方々から資金調達。市場調査に基づいて、自分たちで考えた商品デザインで地元企業に生産委託して、販売に臨みます。上がった収益は、社員で話し合い、学校や社会に役立つことに使います。

2020年度の商品は、青梅の魅力を伝える青梅限定Tシャツ。青梅市役所商工観光課から青梅の魅力、地元の「侍Tシャツ」からの売れるデザインのレクチャーを受け、社員1人ひとりが市場調査を行い、商品開発に関わるデータを集め分析した上で、Tシャツのデザインを開発。製造は侍Tシャツに委託。販売は3学期学校公開とネット販売です(社会状況と青梅マラソン延期のため、できる範囲で販売活動)。

結果、想定以上の534枚の販売となりました。純利益は約39万円。株主に一株20%の100円を配当、社員への給与として1人ずつにコインケースに入った500円、残りを学校と全クラスに使ってもらえる記念品と青梅市と市立総合病院他へ寄付の予定です。

佐藤広明校長は起業家教育を進める中で、確かな手ごたえを感じています。

「馴染みのない取り組みにはプラスの力が働きません。ゼロはゼロのままです。起業家教育について校長の姿勢を発信し、子どもたちに興味を持たせ、教職員への理解周知、保護者への説明、地域ネットワークの構築などに時間をかけ、ゼロをイチにしていきました。イチとなった取り組みはどんどん大きくなります。青梅を学ぶ「青梅学」を並行して進め、青梅のよさを実感した子どもたちは「青梅の魅力」の商品化が見えてくるにつれて意欲が高まり、チャレンジ精神に行動力、協働の姿を発揮します。保護者の無関心は、期待や声援に変わります。協力してくれる地元ネットワークも広がり、地域を巻き込んだ総合的な授業とすることができてきました」

起業家教育で得られた、チャレンジ精神、自信、やる気は、学力を含む、児童・生徒の「生きる力」の強化に繋がっているといえるのではないでしょうか。

第6章

スタートアップ・支援者との対話

スタートアップや支援者の「今」の活動について、臨場感を持って感じていただくために、気鋭のスタートアップ経営者である岡井大輝社長と平野未来社長、スタートアップ支援の柱を担う中小機構基盤整備機構の豊永厚志理事長と、竹本前内閣府特命担当大臣との対談を開催しました。本章では、その内容を掲載します。

大きな成長は〝Stay Foolish〟から

株式会社Luup 代表取締役社長兼CEO **岡井大輝**

Luupは、「街じゅうを『駅前化』するインフラをつくる」をミッションに、電動・小型・1人乗りの電動キックボードなどマイクロモビリティの短距離移動のためのシェアリング事業を展開しています。

竹本 電動キックボードのビジネスが、急拡大していると聞いています。現状はどのようになっていますか。

岡井 自治体、経産省、警察庁、国交省の皆様との対話を重ねていく中で、これまで全国30

カ所以上で実証試験を実施してきました。

そして、このたび、渋谷、新宿、六本木などのエリアでヘルメット着用を任意にしての公道実証が始まり、4日で7000㎞以上走行いただきました。需要が供給を大きく上回る状況で、大きな手ごたえを感じています。

今後の課題としては、走行速度をどうするか。現在、車道を時速15㎞で走るルールになっているのですが、車から見ると遅すぎるし、交差点を渡り切れない、曲がり切れないなどの支障も見えてきたので、ルールの改善などの相談をしています(2021年5月時点)。

電動キックボードは価格も安く、乗りやすい。民間の提供する交通インフラとして社会に定着していくよう努力していきます。

岡井大輝
東京大学農学部を卒業後、戦略系コンサルティングファームにて上場企業のM＆A対応、PEファンドの出資検討を主に担当。その後、株式会社Luupを創業。2019年5月には国内の主要電動キックボード事業者を中心に、新たなマイクロモビリティ技術の社会実装促進を目的とする「マイクロモビリティ推進協議会」を設立し、会長に就任。

竹本　個人の欲求・ニーズにうまくマッチしているので、仕組みをうまく整備して社会に定着するといいですね。ところで、岡井さんのように第一線で活躍する起業家から見て、日本のスタートアップ・エコシステムはどのように見えますか。

岡井　日本のスタートアップは、大きな成功を目指す企業がまだまだ少ないと思います。国内の市場がある程度の規模なので、そこそこ成長し、早めにマザーズに上場します。上場まではよいのですが、その後、思い切った打ち手が打てず、成長が止まる例をよく見ます。
例えば大企業がもっとM&Aをして、スタートアップが大企業の経営資源で拡大路線を歩むとか、あるいは、もっと大きな、とんでもない成長ストーリーを描いて大規模な資金調達をするスタートアップが出てくることが必要ですね。

竹本　スティーブ・ジョブズが2005年のスタンフォード大学の卒業式スピーチで、「Stay Hungry, Stay Foolish」と言っていますね。とんでもないことを臆せずにやることが必要ですね。

岡井　まさにそうですね。私も自分たちがどれだけFoolishでいられるかが大事だと思っています。電動キックボードなどのマイクロモビリティを社会インフラにするために、どんどん攻めて、引くに引けない状況にして、そして活路を開いてゆきたいと思います。

竹本　岡井さんの経歴を見ると、東京大学から一流戦略コンサルに就職して、そこから起業されています。周りの人はFoolishとびっくりしませんでしたか。

岡井　実は、学生のときから仲間と起業しようと話をしていて、将来、会社を興すことを前提に、みんなバラバラで企業に就職したのです。僕も、将来、辞めて起業することを宣言してコンサルファームに入りました。革新的なことをしようと思うと、日本の大企業では難しいことも多いので、自然な選択と考えています。

竹本　確かに、東大で起業を志す人は増えてきましたね。渡部俊也教授（産学連携本部長）にキャンパスを案内してもらったときに、明るく雰囲気のよいスタートアップの支援施設があり、利用者が多くてすでに手狭な様子。経営についての相談事も、メンターのネットワークで適切なアドバイスができる人を探せる仕組みもつくっていて、感心しました。

私も、自分で起業家を応援したいと思い、知り合いの経営者や支援者にお願いして起業家のガイダンスとなるコンテンツをつくっています。

岡井　今の日本はだいぶ起業しやすい環境になってきたので、大きな成長ストーリーを描く起業家が増えるといいですね。多くの人がYouTuberになりたいと思い、確かに誰でもなれるけれど、本当に成功するYouTuberはものすごい努力をする一握りの人のみです。起業家も同じで、どれだけ覚悟を持って挑戦し続けられるかが大事です。

竹本

竹本　大企業にも優秀な人が多いが、Foolishになれない。なぜ、スタートアップにそれができるのでしょうか。

岡井　上場企業は株主を意識して意思決定にも時間がかかりますが、スタートアップは意思決定を少人数で行います。全体最適な回答よりも、誰かが「やりたい！」といったもの、面白いものを実行できる。

でも、大企業も最近は人材の還流などで変わる動きがあるので、スタートアップ側もその動きに着目しています。

LuupもENEOSさんに応援いただいています。ガソリン車・ディーゼル車廃止の流れを読み、これからのガソリンスタンドの活用方法を考える中で、本気で応援してくれています。大きな挑戦こそ、サポートが必要。大企業の革新に期待しています。

竹本　そうですね。アストロスケールという会社は、元国家公務員が起業して、宇宙のごみを除去するという途方もない仕事をビジネスにしようとしています。これは大きな冒険ですが、政府機関のJAXAが応援しています。大企業や政府機関がスタートアップの大きな挑戦を応援するような潮流を拡大したいですね。

未来をつくる人になろう！

株式会社シナモン 代表取締役兼ＣＥＯ 平野未来

シナモンは機械学習やディープラーニングを活用した人工知能（ＡＩ）に関連するプロダクトとコンサルティングを提供しています。人工知能を活用することで、人間が創造的な仕事に集中できる社会の実現を目指します。

平野未来

シリアル・アントレプレナー。東京大学大学院修了。レコメンデーションエンジン、複雑ネットワーク、クラスタリング等の研究に従事。大学在学中にネイキッドテクノロジーを創業。アプリ開発のミドルウェアを開発・運営。2011年に同社をミクシィに売却。同年シナモンを創業。Forbes Japan「起業家ランキング2020」Best10、ウーマン・オブ・ザ・イヤー 2019 イノベーティブ起業家賞。2021年より内閣府経済財政諮問会議専門委員。プライベートでは２児の母。

竹本　シナモンはＡＩスタートアップの代表格の企業と聞いていますが、どんな事業をされていますか。

平野　ＡＩの事業における活用、すなわちAI Readyという言葉が一般的になってきましたが、日本企業の状況は諸外国と比して遅れています。

これを打開するため、単なるコスト削減でなく、企業の成長戦略としてのＡＩ導入を支援しています。数千万円のコスト削減よりも、数億円、数十億円のビジネスインパクトをもたらすＡＩ活用を目指しています。

また、日本のＡＩ人材は決定的に不足しており、２００名がアカデミア、２００名が産業界で人材の取り合いの状況。そこで、ベトナム、台湾の数学の天才たちをＡＩ人材として育成することにも取り組んでいます。

竹本　成長戦略としてのＡＩ導入とは、具体的にはどんなイメージですか。

平野　成長戦略としてＡＩ導入するためには、会社の目的や存在理由を起点として、提供する価値を確認し、企業を象徴するＫＰＩ（重要業績評価指標）について究極まで考えることが必要です。

例えば、ある会社で、「お客様にいち早く商品を届ける」ことが独自の価値とします。それを伸ばして「一瞬で届ける」ことに集中し、顧客管理だけでなく、在庫や流通の管理、そして、あらかじめつくっておけるよう需要を予測するといったところにＡＩを使います。これで会社のパフォーマンスは格段に上がります。

一般的には、活用できていないデータの使い道を考えがちですが、目的に合わせて逆算して何をすべきかを考えていくことが大事です。

竹本　なるほど。顧客となる大企業とはどのように繋がりをつくるのですか。ヨーロッパでは民間団体のビジネスマッチングが盛んで、私も参加したことがありますが、人と人との繋がりをうまくつくっていますね。

平野　最近は日本でもカンファレンスの機会も増え、数の面では改善していると思います。上場前には証券会社がマッチングをしてくれますし。また、ツイッターなどでの発信で話がくることもあります。でも、本気度の高い企業が少ないことが気になります。

竹本　ビジネスの相手の本気度を測る方法はありますか。

平野　本気度については、会社の追求する価値とＡＩ導入の目的が明確に語られるかどうかでわかります。考えている企業はすぐに言葉に出てきます。とはいえ、不発に終わることも多いので、いろいろな企業にあたることが大事です。

竹本

竹本　日本のスタートアップ・エコシステムについてどうご覧になっていますか。

平野　私が起業した15年前と比べると格段に環境が良くなっています。改善点があるとすると小粒な企業が多

い点かと思います。時価総額が1兆円を超えるスタートアップは楽天、サイバーエージェント、ＺＯＺＯの3社のみ。早めにマザーズに上場しても、そこで成長が止まる企業が多いです。上場してからも成長を続ける仕組みをつくることが重要であり、そのためには技術も経営戦略もわかる人材を教育して増やしていくことが必要と思います。また、成長のための資金調達や上場のルールについて見直しをするべきだと思います。

竹本　平野さんが起業されたのはどんな理由があったのですか。

平野　学生のとき、複雑系の研究をしていたのですが、グーグル創業者のラリー・ペイジやセルゲイ・ブリンは論文で名前を見る身近な研究者でした。同じ分野出身の彼らが社会ニーズにフィットするプロダクトを作成し、人々の生活のあり方や情報への取り組み方を大きく変えた。その成功ストーリーを見て、自分も社会を変えていきたいと考え起業しました。

竹本　身近な人や偶然の出会いは大事ですね。スティーブ・ジョブズは大学を中退して、タイポグラフィ（文字のデザイン）に出会い、それが後にマッキントッシュの美しいフォントの開発に繋がりました。日本の大企業にいると、偶然の出会いで着想を得ることがない。出会いにより自由に発想する機会を増やす。そこも起業家を増やす上での課題と思っています。ところで、起業してよかったですか。

平野　起業してよかったです。苦労はたくさん重ねましたが。

竹本　起業にチャレンジする人が増えて、成功例が増えれば、この国のイノベーションは進むと思っています。起業する人にアドバイスがありましたらお願いします。

平野　行動することが重要です。イノベーションは多様性のある人との出会いから起きます。その量と質が大事ですね。殻に閉じこもることなく、思いついたら潜在的なお客様に説明に行き、フィードバックをいただく。その中で、何のために自分がこの事業をするのか、明確化、言語化することができます。

研究者や開発者が陥りがちなのは、いいプロダクトをつくれば皆にいつか伝わると勘違いして完成度を高めるために時間を使うこと。私も高い勉強代を払ったことがあります。思いついた時点で話を聞いておけば、事前に気づくことができました。

また、アイデアをコピーされることを恐れて、行動を抑えることも得策ではありません。同じことを考えている人はたくさんいるので、ニーズに応えるプロダクトを、オペレーションを含めて、いかに早くつくれるかが圧倒的に重要です。リスクを恐れている時点で行動が遅くなるのです。とにかく早く動くことをおすすめします。

私は、起業家を「未来を創る人」と定義しています。自分の名前が「未来」なのですが（笑）、未来を創るために重要なのは、行動することなのです。

〝泣こよかひっ飛べ〟挑戦を応援する社会へ

中小企業基盤整備機構 理事長 **豊永厚志**

中小企業基盤整備機構は国の中小企業政策の中核的な実施機関として、起業・創業期から成長期、成熟期に至るまで、企業の成長ステージに合わせた幅広い支援メニューを提供しています。地域の自治体や支援機関、国内外の他の政府系機関と連携しながら中小企業やスタートアップの成長サポートを実施しています。

竹本　中小企業基盤整備機構は政府の支援機関の中でもいち早くスタートアップ支援を手掛けていますね。どのような支援をしていますか。

豊永　1999年に中小企業基本法の改正があって、中小企業政策が、弱者を支えることから、やる気のある伸びゆく企業をどんどん応援しようという方向に大転換しました。これを受けて、2000年からスタートアップ支援を本格的に実施しています。Japan Venture Awards（JVA）という表彰制度や、ファンド事業を始めて、以来、スタートアップ支援を強化し続けています。

竹本　スタートアップは創業当初はアイデア中心なので、アイデアを評価しない銀行の支援が受けにくい。中小機構が将来発展するスタートアップに資金供給をすることは大事ですね。

豊永　ファンド事業は、ベンチャーファンドに出資して、ファンドからスタートアップの資金供給をする間接投資という方式での支援です。この事業は今でこそ黒字化しましたが、大赤字の時代もありました。ベンチャーキャピタルの投資は成功ばかりではなく、投資資金が回収できないこともあります。成功しているベンチャーキャピタルはむしろ少ない。それでも、懲りることなく、一貫して支援を続けることが大事と思っています。20年続ける中で、ベンチャーキャピタルの育成もできましたし、機構の側でもいろいろな

豊永厚志
1981年通商産業省（現経済産業省）入省、2010年中小企業庁次長、2015年中小企業庁長官、2016年退官、2019年から独立行政法人中小企業基盤整備機構理事長。

知識やノウハウを蓄積してきました。スタートアップは勢いがありますが、成長に時間がかかるので支援も継続的であるべきです。

ＪＶＡも20年を数え、ベンチャーを表彰する制度としては長い。20回目には竹本大臣にもご尽力いただき科学技術大臣賞ができて大変光栄です。

竹本　ＪＶＡの科学技術政策担当大臣賞の第1回目の受賞者が、宇宙ビジネスを大きく展開するアストロスケールホールディング社の岡田社長だったのが印象深いです。

豊永　Japan Venture Awardsは、目立たないがいい起業家に光を当てるという趣旨で始めました。優れたスタートアップに対して、ベンチャーキャピタルや銀行の目を向ける役割もあります。表彰先から優良企業もたくさん出ています。

竹本　スタートアップ・エコシステム拠点都市の選定にあたって、全国11カ所を回ってみたのですが、今、スタートアップは元気ですね。百聞は一見にしかず、現場を見てよかったと思っています。

豊永　一方、日本の大企業にはもう少し元気を出してほしいと思うこの頃です。日本を支えてほしいが世界に太刀打ちできていない。世界の大企業のように積極的にチャレンジしていない。

代わるものとして、スタートアップが日本を支える時代になってきているのではないでしょうか。スタートアップが大企業のライバルとして登場する、スタートアップが大企業に技術と活力を提供する、そんな動きが必要だと思います。才能ある人が活躍すると後に続く人も出る。人だけでなく地域の牽引役にもなれると思います。若い人、個人の能力、創造力を活かすスタートアップは重要です。

竹本　スタートアップの支援では、人の繋がりづくりが大事。東大でも大学発ベンチャーが盛り上がっている。学内での人脈づくりなど4、5年かけて充実させている。ぜひ、繋がりを活かしてうまく育ってほしいです。

豊永　スタートアップが伸びるには、技術、資金、市場が大事です。起業家のバックグラウンドとして、①ファイナンスの人、②大学の研究者、③大企業の技術者がありますが、技術・資金・市場に対応する人材が揃っているところはあまりない。最近のベンチャーキャピタルは資金だけでなく人を紹介したり、伴走支援をしたりしています。ベンチャーキャピタルも経験を積んできており、いまや支援のネットワークも広がっています。

竹本

竹本　国交省にいたとき、建設のコンサルティング業務の研究をしたのですが、米国は大きなプロジェクトをやるためには大きな会社にして人員を揃えるスタイル。これに対して、英国は少人数の会社で、プロジェクトに応じて人員を集めるスタイルで大きな事業をやっていました。米国型だと仕事がないときが大変。人と人を繋ぐことで機動的に大きな事業ができますね。スティーブ・ジョブズの言葉に「点と点を繋ぐ」というものがありますが、個人の経験を繋ぐことのみならず、人が繋がることで事業が広がります。

豊永　繋ぐことは重要ですね。スタートアップを支援する側も、得意、不得意があります。シードステージが得意な支援者。レイターが得意な支援者。日本ではその支援者がぶつ切りになっているのが現状です。支援が切れたりしないように橋渡しが続く環境をつくることが大事です。次はここに繋ぐとか、流れがデファクトになればもっと成果が大きくなるのではないかと思います。そこに機関投資家も加わると規模も大きくなりますね。

竹本　香港のような国際金融センターのようになり、資金も集まって大々的にスタートアップを助けるような環境になるといいですね。

豊永　そういう意味では、スタートアップ・エコシステム拠点都市を国内8カ所に選定したことは大きいですね。スタートアップを支援する都市の可能性を関係者に気づかせたのではないでしょうか。

竹本　スタートアップを志す人に、若者に、アドバイスをお願いします。

豊永　私の出身地の鹿児島では、「泣こよかひっ飛べ」という言葉があります。泣いて逡巡するよりジャンプして飛び出せという言葉で、「案ずるより産むが易し」に近い意味です。昔と比べて、起業がしやすくなった今は、若い人はどんどんチャレンジすればよいと思います。

実際、東京大学の学生に人気の職業選択にスタートアップが入ってきましたね。スタートアップ機運が高まっており、一旗揚げる人は、好きなことで事業を立ち上げる時代になっていきます。

そして、若い人のチャレンジが、日本の将来にとって大事であるということを、周りの大人が気づくことが大事です。挑戦する人の足を引っ張るのではなく、あえて野に放つ、応援する大人が増えるといいですね。

竹本　コロナの影響で社会が変革期を迎えている今は、予算や制度改正など、政策を変える大きなチャンス。新しい働き方や住まい方、地方都市の集積など、日本のアフターコロナのあり方が世界の参考になればと思います。いろいろなことに取り組んで、挑戦する人が増え、イノベーションが促進される社会にしたいですね。

コラム　コロナとデジタル化の推進

2020年はじめから世界的に拡大した新型コロナウイルス感染症は、私たちの日常生活をまったく別のものへと変えてしまいました。

社会機能を維持するために必要な仕事を除きテレワークを最大限活用していただく、学校ではオンライン学習ができる環境整備を地域と協力して加速していただく、診療についても電話・オンラインでの診療を初診も含めて解禁するなど、あらゆる分野においてデジタル化を一気に進めることが求められました。

それにはもちろん、スタートアップ・中小企業も含め、日本中の知恵を結集することが大事です。特に中小企業にとって、デジタル化・IT化への対応は、新型コロナウイルス感染症対策という観点に加え、新しい製品やサービスを開発し、販路を開拓することで、生産性を飛躍的に向上するという経営革新の観点からも極めて重要です。政府では、このような中小企業のテレワークのためのIT機器導入や生産性向上への取り組みを、「中小企業生産性革命推進事業」に基づく「IT導入補助金」等で積極的に支援しています。

アフターコロナの社会は従前とは大きく異なるものとなります。政府では、ITやデジタル技術が果たすべき役割とそれに必要な施策や、アフターコロナとITに関するビッグ・ピクチャーについて、有識者の皆様からご意見をいただく場として、「ニューノーマル時代のＩＴの活用に関する懇談会」を開催しました。座長として、総務大臣も務められた著名な経済学者である竹中平蔵先生にご就任いただき、産業界・学界・メディア界から、第一線の有識者で大変熱心に議論いただきました。スタートアップを含む多くの方々に参考になると思いますので、その最終報告の一部をご紹介します。

1　ニューノーマル時代の姿と課題

(1) 繋がる社会の姿と課題：新たな競争・共創の可能性

ニューノーマル時代の基本的な社会の姿は、リアル空間とサイバー空間の融合による「繋がる」社会であろう。手軽に楽しむバーチャルサービスと感動の空間を共有するリアルサービスの融合による相乗効果が得られることが期待されるほか、グローバリズムとローカリズムの融合や、私的空間と公的空間の融合も日常の姿になっていくと考えられる。その結果として、新たな日常に適応したサービスが生まれるほか、生産や消費の仕組みも大きく変化していくことが予想される。このような社会の変化に応じて、新たな課題も生じると考えられる。その代表が「新たな競争」であろう。多くのサービスは、生産と消費が同地点で行われるという特徴があり、世界的な競争が起こりにくいとされてきた。しかしながら、このような空間に守られた市場が一気に開放されつつある。結果として世界規模の新たな競争が発生しつつある。このような新しい競争市場では、新しい企業家や民間のイノベーション、新たな組み合わせによる共創が期待される。このような経済活動を生み出すためにも、世界をリードする新たな概念のデジタルインフラの整備が必要不可欠であろう。

(2) 広がる生活の姿と課題：新たな格差の可能性

ニューノーマル時代の基本的な生活の姿は、様々な生き方の選択肢が提供される「広がる」生活であろう。働き方や遊び方、学び方が多様になり、テレワークを活用し、余暇を楽しみつつ仕事を行う「ワーケーション」や、自宅でも職場でもない「第三の空間」など、個人個人の選好によって、多様な選択肢の中からライフスタイルを選択することができる。居住地の選択や、通勤通学のための移動、旅行にあたっても多様な選択肢が提供されることで、混雑も平準化され快適な空間が実現されうる。文化や教育、医療や福祉についても、空間制約に縛られずに個人の特性に合った多様な選択肢を享受することができるであろう。このような生活の変化に伴って、新たな課題にも対応していかなければならない。特に対応すべき課題が「新たな格差」である。新たに生まれるであろう格差のひとつは、先にDXに適応できた人たちと、できなかった人たちの格差である。適応時期に差が生まれれば、その格差は社会を不安定にさせるほどの大きな格差となり得る。さらに対応すべき課題は、DX社会において、様々なサービスが生まれる中で、これまで想定していなかったような新たな弱者が生まれる可能性である。これまで弱者と言われていた人たちの一部は、DXにおける新技術で解消される部分もあり得る。例えば通勤の解消は、移動に制約のある人たちの弱みを解放するであろう。一方で、生活の劇的な変化や新技術、新サービスの登場によって新たな弱者が生まれ、DXに取り残されてしまう弱者が生まれてしまうかもしれない。このように新たな格差への対応がなければ、ニューノーマル時代の社会を不安定なものにしてしまう。誰もが取り残されない新たな概念のデジタルミニマム整備が必要不可欠であろう。

(3) ニューノーマル時代を支えるITの展開

以上で議論してきた社会の変化、生活の変化に対して、また必要とされるデジタルインフラ、デジタルミニマムに対して、新たなITは大きな貢献をしてくれるものであると期待される。5Gやビヨンド5G、6Gといった技術は、通信環境を大きく変革させるデジタルインフラになり得るであろう。そしてIoTの時代においては、モノとモノとが通信をすることとなる。これまでのヒトとヒトとの通信を前提とした通信環境ではなく、国土全体をカバーしたデジタルインフラ整備が求められるであろう。また、データ技術やセキュリティ技術も新しいデジタルインフラを支える基盤となる。加えて、ブロックチェーン技術に代表される分散型システムや暗号技術もまた、デジタルインフラを支える基盤となり得よう。さらに、ロボット技術やAIはデジタルミニマムを支える技術となり得る。加えてデジタルへのアクセシビリティの確保のためには、人に優しいUI（ユーザ・インターフェース）の開発が大きな役割を果たしていくと期待される。以上のようなデータ、セキュリティ、暗号、ロボットやAI、UI等の技術開発は、戦略的に進められていく必要があろう。

2　どのようにニューノーマル時代に移行していくべきか

ニューノーマル時代への移行にあたっては、これまで議論してきたような課題解決を図りながら移行をしていく必要がある。同時に、急激な変化を伴う移行であることから、その移行過程にも留意し、戦略的な移行が求められるであろう。以下の四原則に基づいた移行が求められる。

原則１：テールリスクへの備え

冒頭でも議論をしたように、新型コロナウイルス感染症の危機を乗り越えたとしても、いつまた再び、社会がこのような重大なリスクに直面するかは誰も予想ができない。この頻繁には起こらないが、起こったら大きな被害が生じるような「テールリスク」に対して、十分な備えが必要であって、オールドノーマルに回帰することはあってはならない。このような危機に備えることができなければ、事業継続性が失われてしまい、社会に大きな被害を及ぼしてしまう。このように、ニューノーマルへの移行はテールリスクへの備えと位置づけるべきである。

原則2：世界をリードする移行

先にも議論したように、ＤＸに先に対応できたか遅れて対応したかによって、国民間で大きな格差が発生する可能性がある。これは国家間でも同様である。我が国のＤＸが遅れれば、我が国の経済的なプレゼンスを大きく損なう可能性がある。国民間の格差の一部は再分配が可能であるものの、国家間の格差は再分配によって是正されることはない。そこで、新たな国際競争に打ち勝つためにも、世界をリードする移行が不可欠である。また、国家としてリードしていくためには、新たな格差に留意しながらも、先導していく企業や個人の活躍を後押しする環境整備も求められる。そのためのデジタルインフラを世界最高水準で整備していかなければならない。

原則3：誰もが取り残されない移行

そしてまた、安定して早期にDXを進めていくためにも、全員で移行していくことが不可欠である。移行時期のばらつきは新たな格差を生んでしまい、社会の不安定化を招いてしまう。結果として、ニューノーマル時代への移行を危うくしてしまう。高齢者、障害者や我が国に居住する外国人など多様な人たちにとっても優しい移行となるよう、また、経済格差にも配慮しながら、デジタルミニマムを定義、整備し、新技術を活用することで、誰もが取り残されない移行を実現しなければならない。

原則4：一気呵成の改革

旧社会主義国が市場経済を目指す移行期間には、漸進主義ではなく目標期を設定し一気呵成に改革するショックセラピー型の改革が成功を収めた。今回のニューノーマルへの移行においても、こうした姿勢が求められる。諸改革を同時並行で一気呵成に進めていかなければならない。

おわりに

「日本のスタートアップ、盛り上がってきたね。10年前と比べたら、隔世の感がある」という声をスタートアップ界隈のミーティングでよく聞きます。一方で、「日本のスタートアップは遅れている。海外から取り残されている」と嘆く人もいます。

現状はどうなのかというと、「進展はしているけれども、課題は多い。楽観も悲観もできない」というところだと考えています。ただ、確実に言えることは、新しいことに挑戦する人は増えているし、スタートアップの注目度は上がっているということ。

時代のうねりが到来しているので、この機会を活かし、イノベーション創出の担い手たるスタートアップをしっかりと支援することで、新しい技術やサービスが社会実装され、暮らしが豊かになる好循環をつくり出すことが日本の将来にとって重要と思います。

本書においては、国内、海外のスタートアップの動きを、最前線で活躍する方々の寄稿や対談を含めて、我が国が目指すべき方向を取りまとめることができたと考えています。

本書が、できるだけ多くの方々に、スタートアップとその育成について考えていただくきっかけとなれば幸甚です。ブームではなく、ムーブメント、そして、挑戦することが主流になるような社会が実現すれば、未来は明るいと確信しています。

本書の編集にあたっては、様々な方々からかけがえのないご助力をいただきました。

お忙しい中、想いのこもったご寄稿やご対談をいただいた皆様方、編集にあたってご尽力いただいたPHP研究所の佐藤義行さんに、心より御礼申し上げます。

また、スタートアップ・エコシステム拠点形成戦略をはじめ、政策の方向を示してくださった平井卓也元内閣府特命担当大臣、スタートアップ・エコシステムの支援にあたり、いつもご指導をいただいている総合科学技術・イノベーション会議有識者議員の上山隆大先生、東京大学大学院理学系研究科の菅裕明先生、世界銀行のビクター・ムラスさんに改めて敬意を表したいと思います。

最後に、常にスタートアップ活躍の環境整備に大所高所から尽力されている、内閣府科学技術・イノベーション推進事務局の赤石浩一さん、覺道崇文さん、植木誠さん、スタートアップ・エコシステム支援チームの大事な仲間、佐藤允昭さん、高田和幸さん、鈴木せいらさん、森田諭さん、児山浩崇さん、岡村吉野さん、新井冴輝さん、土居茜さん、北洋祐さんに感謝を申し上げます。

Let There Be Light!

新しい取り組みに挑戦する人、スタートアップに、光あれ。

スタートアップ・エコシステム支援チーム　石井芳明

装丁：徳永あや子（徳永デザイン事務所）
本文デザイン：有限会社メディアネット

〈編著者紹介〉

竹本直一（たけもと　なおかず）

1940（昭和15）年大阪府南河内郡河南町生まれ。京都大学法学部卒。政府派遣留学にてカリフォルニア大学（バークレー校）大学院卒。衆議院議員。前情報通信技術（IT）政策担当大臣、前内閣府特命担当大臣（クールジャパン戦略、知的財産戦略、科学技術政策、宇宙政策）。

衆議院安全保障委員会委員、衆議院科学技術・イノベーション推進特別委員会委員、自由民主党総務会副会長、党2025年大阪万博誘致推進本部事務総長、党前政務調査会中小企業・小規模事業者政策調査会会長、党前超電導リニア鉄道に関する特別委員会委員長、大阪府支部連合会会長、財務副大臣、厚生労働政務官、経済産業大臣政務官等を歴任。

スタートアップ・エコシステム支援チーム

内閣府科学技術・イノベーション推進事務局のメンバーで、スタートアップ・エコシステムの形成支援、オープンイノベーション促進等を実施する。各省、独立行政法人、地方自治体、民間企業の出向者で構成。

起業大国をつくる
イノベーション創出のための起業家と日本の取り組み

2021年9月9日　第1版第1刷発行

編著者　竹本直一
　　　　スタートアップ・エコシステム支援チーム
発行者　櫛原吉男
発行所　株式会社PHP研究所
京都本部　〒601-8411　京都市南区西九条北ノ内町11
　　マネジメント出版部　☎075-681-4437(編集)
東京本部　〒135-8137　江東区豊洲5-6-52
　　普及部　☎03-3520-9630(販売)
PHP INTERFACE　https://www.php.co.jp/
組版　有限会社メディアネット
印刷所
製本所　図書印刷株式会社

ISBN978-4-569-85026-9